Soziologie in Belgien

Raf Vanderstraeten • Kaat Louckx

Soziologie in Belgien

Raf Vanderstraeten
Fachbereich Soziologie
Universität Gent
Gent, Belgien

Kaat Louckx
Forum Internationale Wissenschaft
Universität Bonn
Bonn, Deutschland

Dieses Buch ist eine Übersetzung des Originals in Englisch „Sociology in Belgium" von Vanderstraeten, Raf und Louckx, Kaat, publiziert durch Springer Nature Limited im Jahr 2018. Die Übersetzung erfolgte mit Hilfe von künstlicher Intelligenz (maschinelle Übersetzung durch den Dienst DeepL.com). Eine anschließende Überarbeitung im Satzbetrieb erfolgte vor allem in inhaltlicher Hinsicht, so dass sich das Buch stilistisch anders lesen wird als eine herkömmliche Übersetzung. Springer Nature arbeitet kontinuierlich an der Weiterentwicklung von Werkzeugen für die Produktion von Büchern und an den damit verbundenen Technologien zur Unterstützung der Autoren.

ISBN 978-3-031-24380-6   ISBN 978-3-031-24381-3 (eBook)
https://doi.org/10.1007/978-3-031-24381-3

Die Deutsche Nationalbibliothek verzeichnet diese Publikation in der Deutschen Nationalbibliografie; detaillierte bibliografische Daten sind im Internet über http://dnb.d-nb.de abrufbar.

Springer VS
© Der/die Herausgeber bzw. der/die Autor(en), exklusiv lizenziert an Springer Nature Switzerland AG 2023
Das Werk einschließlich aller seiner Teile ist urheberrechtlich geschützt. Jede Verwertung, die nicht ausdrücklich vom Urheberrechtsgesetz zugelassen ist, bedarf der vorherigen Zustimmung des Verlags. Das gilt insbesondere für Vervielfältigungen, Bearbeitungen, Übersetzungen, Mikroverfilmungen und die Einspeicherung und Verarbeitung in elektronischen Systemen.
Die Wiedergabe von allgemein beschreibenden Bezeichnungen, Marken, Unternehmensnamen etc. in diesem Werk bedeutet nicht, dass diese frei durch jedermann benutzt werden dürfen. Die Berechtigung zur Benutzung unterliegt, auch ohne gesonderten Hinweis hierzu, den Regeln des Markenrechts. Die Rechte des jeweiligen Zeicheninhabers sind zu beachten.
Der Verlag, die Autoren und die Herausgeber gehen davon aus, dass die Angaben und Informationen in diesem Werk zum Zeitpunkt der Veröffentlichung vollständig und korrekt sind. Weder der Verlag, noch die Autoren oder die Herausgeber übernehmen, ausdrücklich oder implizit, Gewähr für den Inhalt des Werkes, etwaige Fehler oder Äußerungen. Der Verlag bleibt im Hinblick auf geografische Zuordnungen und Gebietsbezeichnungen in veröffentlichten Karten und Institutionsadressen neutral.

Planung/Lektorat: Cori Antonia Mackrodt
Springer VS ist ein Imprint der eingetragenen Gesellschaft Springer Nature Switzerland AG und ist ein Teil von Springer Nature.
Die Anschrift der Gesellschaft ist: Gewerbestrasse 11, 6330 Cham, Switzerland

Prolog

Obwohl der Aufstieg und die Institutionalisierung der Sozialwissenschaften eng mit den langfristigen Prozessen der Bildung von nationalen Staaten verwoben sind, können die spezifischen nationalen Traditionen der Sozialwissenschaften nicht nur in ihrem spezifischen nationalen Kontext verstanden werden. Diese nationalen Traditionen sind in ein umfassenderes Umfeld eingebettet; sie werden durch länderübergreifende Transfers und die transnationale Zirkulation von Gelehrten und Ideen herausgefordert und ermöglicht.

Dieses Buch ist ein Versuch, eine nationale Geschichte der Soziologie zu internationalisieren. Es zielt darauf ab, die Geschichte der Soziologie in Belgien auf zwei verschiedene, aber miteinander verbundene Arten zu internationalisieren: durch die Betrachtung der Faktoren, die die Geschichte der Soziologie in Belgien von anderen nationalen Geschichten unterscheiden, und durch das Aufspüren allgemeinerer Muster, die diese Geschichte dem transnationalen Austausch und den transnationalen Entwicklungen verdankt. Wir glauben, dass Soziologen durch die Erforschung dieses komplexen transnationalen Umfelds allmählich in der Lage sein werden, die sozialen Strukturen, die ihre eigenen Orientierungen und ihre eigene Arbeit prägen, richtig zu analysieren.

Um die langfristige Entwicklung der Soziologie in Belgien zu verstehen, konzentriert sich dieses Buch auf die strukturellen Bedingungen und ihren historischen Wandel vom neunzehnten Jahrhundert bis zum einundzwanzigsten Jahrhundert. Es nutzt historisch-soziologische Analysen, um die verschiedenen Weisen zu beleuchten, in denen komplexe soziale Strukturen die Arten von soziologischem Wissen definieren, die in Belgien geschätzt oder nicht geschätzt werden. In diesem Sinne soll dieses Buch einen Beitrag zur Soziologie der Soziologie leisten. Es zielt darauf ab, zu einem besseren Selbstverständnis der Soziologie in Belgien und anderswo zu gelangen.

Dieses Buch stützt sich auf Arbeiten, die größtenteils im letzten Jahrzehnt durchgeführt wurden. In diesem Zeitraum hatten wir Gelegenheit, unsere Analysen in einer beträchtlichen Anzahl von Seminaren, Workshops und Konferenzen vorzustellen. Wir möchten uns bei den vielen Freunden, Familienangehörigen und Kollegen bedanken, die sich für die Diskussion der verschiedenen im folgenden Text behandelten Themen zur Verfügung gestellt haben. Ohne ihr unterstützendes Feedback wäre dieses Buch nicht das geworden, was es jetzt ist.

Inhaltsverzeichnis

1 Soziologie in Belgien   1

2 Religion   25

3 Sprache   65

4 Veröffentlichungen   103

5 Epilog   137

Abbildungsverzeichnis

Abb. 3.1　Anzahl der französisch- und niederländischsprachigen Soziologieabsolventen in Belgien, 1967–1990. (Dreijährlich gleitende Durchschnitte) 　91
Abb. 4.1　Wachstum der Zahl der Forscher in Flandern, 1982–2016. (1982 = 100) 　112
Abb. 4.2　Durchschnittliche Anzahl der Autoren pro Artikel pro Jahr. (Dreijährliche gleitende Durchschnitte) 　118
Abb. 4.3　Anteil der männlichen Autoren. (Dreijährliche gleitende Durchschnitte) 　120
Abb. 4.4　Anteil der Autoren aus Belgien oder den Niederlanden 　122
Abb. 4.5　Veröffentlichungen in SSCI-Fachzeitschriften. (absolute Zahlen) 　125
Abb. 4.6　Barycentres für die Erscheinungsorte von Büchern in den Sozial- und Geisteswissenschaften und für die flämischen Universitäten 　130

KAPITEL 1

Soziologie in Belgien

Zusammenfassung Dieses Kapitel beginnt mit einer Skizze des soziopolitischen Kontextes, in dem sich die Soziologie in Belgien entwickelt hat. Danach werden drei Kernaspekte der Geschichte der Soziologie erörtert: der Aufstieg der Sozialwissenschaft und die Sozialstatistik von Adolphe Quetelet in der Mitte des 19. Jahrhunderts, die verschiedenen ideologischen Säulen, innerhalb derer die ersten soziologischen Institute in der Zeit um 1900 entstanden, und die Expansion der niederländisch- und französischsprachigen wissenschaftlichen Gemeinschaften in der Zeit nach dem Zweiten Weltkrieg. Der letzte Abschnitt enthält eine kurze Diskussion über die Vorzüge und Merkmale eines reflexiven soziologischen Ansatzes, einer soziologischen Geschichte der Soziologie.

Ein Verständnis der Soziologie, wie sie sich in Belgien entwickelt hat, lässt sich nur durch die Zusammenführung verschiedener Denkrichtungen gewinnen. Zur Einführung in den Ansatz dieses Buches bietet dieses Kapitel zunächst eine kurze Skizze des soziopolitischen Kontextes, in dem sich die Soziologie in Belgien entwickelte. Anschließend werden drei zentrale Aspekte der Entwicklung der Soziologie in Belgien erörtert: der Aufstieg der Sozialwissenschaft und die Sozialstatistik von Adolphe Quetelet in der Mitte des 19. Jahrhunderts, die verschiedenen ideologischen Kontexte, in denen die ersten soziologischen Institute in der Zeit um 1900 entstanden, und die Expansion der niederländisch- und französischsprachigen wissenschaftlichen Gemeinschaften in der Zeit nach dem Zweiten Weltkrieg. Der letzte Abschnitt dieses Kapitels enthält eine kurze Erörterung der Hauptmerkmale des reflexiven soziologischen Ansatzes, auf dem dieses Buch basiert.

L'Union Fait La Force?

Nach einer turbulenten Zeit, die in weiten Teilen Europas von politischen Unruhen geprägt war, erlangte das Königreich Belgien 1830 seine politische Unabhängigkeit. Seine recht komplexe politische und rechtliche Struktur, die sich in den letzten Jahrzehnten herausgebildet hat, ist das Ergebnis einer Reihe von Spannungen und Konflikten, von denen einige schon vor der Gründung des belgischen Staates bestanden. Sprache und Religion haben in der Geschichte Belgiens eine Schlüsselrolle gespielt, wenn es darum ging, wie das neue Königreich versucht hat, sich als „moderner" Nationalstaat zu etablieren und sich von seinen Nachbarn abzugrenzen. Vielleicht hatte Rogers Brubaker Belgien im Sinn, als er argumentierte, dass „Sprache und Religion wohl die beiden gesellschaftlich und politisch folgenreichsten Bereiche kultureller Unterschiede in der modernen Welt sind" (2013, S. 2).

Nach der belgischen Revolution nahm das neue Königreich das Motto *L'union fait la force* (Einheit macht stark) an. Nach Ansicht von Historikern bezog sich das Motto zunächst auf die Vereinigung der progressiven Liberalen und der konservativen Katholiken im Gegensatz zu den Niederlanden und ihrem protestantischen König. Später kamen jedoch andere Interpretationen hinzu: Heute wird meist gesagt, dass es sich auf die Einheit der verschiedenen Sprachgemeinschaften auf dem belgischen Staatsgebiet bezieht, insbesondere auf den niederländischsprachigen Teil (Flandern genannt) und den französischsprachigen Teil (Wallonien). Die bewusste Verwendung dieses Mottos kann jedoch nicht darüber hinwegtäuschen, dass sowohl die politisch-religiösen als auch die sprachlichen Unterschiede während eines Zeitraums von etwa zwei Jahrhunderten zu trennenden Formen von Konflikten auf belgischem Staatsgebiet geführt haben.

In Europa beendete der Zusammenbruch des napoleonischen Frankreichs im Jahr 1815 einen etwa 25 Jahre währenden Krieg. Der Wiener

Kongress zielte darauf ab, die Grundlage eines langfristigen Friedens zu schaffen, indem er kritische Probleme, die sich aus den französischen Revolutionskriegen und den napoleonischen Kriegen ergaben, versuchte zu klären. Sein Ziel war nicht nur die Wiederherstellung der alten Grenzen und damit die Bestätigung des Verlusts der kürzlich von Frankreich annektierten Gebiete, sondern auch die Anpassung der Größe der wichtigsten Mächte, damit sie sich gegenseitig ausgleichen und in Frieden bleiben konnten. 1815 wurde das Vereinigte Königreich der Niederlande gegründet, das die ehemalige niederländische Republik im Norden sowie die so genannten südlichen oder katholischen Niederlande umfasste, die den größten Teil des heutigen Belgiens und Luxemburgs ausmachten, aber 1794 von Frankreich annektiert worden waren.

Trotz der Ziele des Wiener Kongresses war das Vereinigte Königreich der Niederlande nur ein kurzlebiges Königreich. Nach der belgischen Revolution von 1830 brach es zusammen. Verschiedene soziale Unterschiede hatten der Vereinigungspolitik von König Wilhelm I. der Niederlande Steine in den Weg gelegt. Vor allem religiöse Fragen (der protestantische Norden gegen den katholischen Süden) spielten in dem Konflikt, der der Trennung von Belgien und den Niederlanden vorausging, eine wichtige Rolle, was erklärt, warum in den Jahren nach der Trennung der Schwerpunkt auf der ideologischen Einheit Belgiens lag. Auch Sprachfragen spielten in dem Konflikt, der zur Abspaltung Belgiens führte, eine Rolle. Französisch wurde in Wallonien und von einem großen Teil des Bürgertums in den flämischen Städten gesprochen; die „Französisierung" war in den Jahren nach der Annexion durch Frankreich ebenfalls intensiv. Flandern war jedoch Teil des niederländischen Sprachgebiets in Europa, und die Sprachpolitik des niederländischen Königs in den Jahren nach 1815 hatte darauf abgezielt, die beiden Regionen (Nord und Süd) unter einer gemeinsamen niederländischen Sprache (wieder) zu vereinigen. Nach der Revolution wollten die „Gründerväter" Belgiens die sprachlichen Unruhen beschwichtigen, indem sie in der Verfassung den „Gebrauch der Sprachen für freigestellt" erklärten.

In der Praxis wurde das Französische jedoch eindeutig als die prestigeträchtigere Sprache wahrgenommen. Obwohl die Mehrheit der belgischen Bevölkerung flämischsprachig war, verdrängte das Französische das Niederländische schnell in allen offiziellen Bereichen und Ämtern. Französisch war nicht nur die Sprache der Aufklärung, des Fortschritts und der Modernität, sondern vor allem auch ein Symbol für den nationalen Kampf um die Unabhängigkeit vom niederländischen König. Französischkenntnisse wurden in der Folge auch eine wesentliche Voraussetzung für die soziale Mobilität im neuen Nationalstaat. Im späten neunzehnten und zwanzigsten Jahrhundert kam es jedoch innerhalb Belgiens erneut zu Spannungen zwischen den verschiedenen Sprachgemeinschaften. Aus den erbitterten sprachlichen und soziopolitischen Konflikten resultierten nach und nach verschiedenste administrative Umstrukturierungen. In der zweiten Hälfte des letzten Jahrhunderts führten diese Konflikte zur Aufteilung des belgischen Staates in verschiedene politische und legislative Einheiten, die in erster Linie auf der Grundlage der Sprache definiert wurden.

Das heutige Belgien zählt etwa 11 Millionen Einwohner. Es ist ein föderaler Staat, der aus vier verschiedenen politischen Einheiten besteht, die auf der Grundlage der Sprache gebildet werden. In Flandern, dem nördlichen Teil Belgiens, in dem etwa 58 % der Bevölkerung leben, ist die Amtssprache Niederländisch, aber die hier gesprochene Variante des Niederländischen wird auch als „Flämisch", „Flämisches Niederländisch", „Belgisches Niederländisch" oder „Südniederländisch" bezeichnet. Die französischsprachige Gemeinschaft befindet sich im Süden und heißt Wallonie (mit etwa 32 % der Bevölkerung). Die kleine deutschsprachige Gemeinschaft befindet sich im Osten (0,6 %), während die niederländisch-französische zweisprachige Gemeinschaft in der Hauptstadt Brüssel im Zentrum des Landes liegt (9,5 %). Die verschiedenen Regionalregierungen haben im heutigen Belgien Gesetzgebungsbefugnis; ihre Zuständigkeitsgrenzen, die auch Sprachgrenzen sind, sind in der belgischen Verfassung festgelegt. Wie wir immer wieder sehen werden, führte die Schaffung sprachlich homogener administrativer und politischer Einheiten jedoch auch zu einer kommunikativen „Isolierung" der verschiedenen Sprachgemeinschaften.

Ideologische und sprachliche Unterschiede bilden wichtige soziokulturelle Klüfte innerhalb Belgiens – trotz seines nationalen Mottos. Diese Unterschiede und Klüfte bildeten und bilden auch den Kontext, in dem sich die Soziologie entwickelte und entwickelt. Wie wir in den folgenden Kapiteln sehen werden, haben die heterogenen soziokulturellen und akademischen Strukturen zur Entwicklung verschiedener Soziologien in Belgien geführt. Es ist schwierig, von der Soziologie in Belgien als einer einzigen Einheit zu sprechen; wir werden vielmehr die Art und Weise analysieren, in der die Soziologie in Belgien als pluralistisch konzipiert und strukturiert wurde. Auf den folgenden Seiten werden wir dem Entstehen verschiedener Soziologengemeinschaften auf belgischem Boden Aufmerksamkeit schenken. Wir werden analysieren, wie die Bedingungen, unter denen soziologisches Wissen in Belgien produziert wird, die Arten von soziologischem Wissen beeinflussen, die in Belgien produziert werden oder nicht produziert werden.

ADOLPHE QUETELET

Es wird oft gesagt, dass „Fortschritt" und „Verbesserung" zu den Lieblingswörtern der modernen Welt gehörten (z. B. Headrick, 2000; Slack, 2014). Das achtzehnte und neunzehnte Jahrhundert waren nicht nur durch einen wachsenden Wissensdurst gekennzeichnet, sondern auch durch den festen Glauben, dass mehr Wissen zur Verbesserung der Menschheit führen würde. Man glaubte, dass die wissenschaftliche Suche nach Wissen zu einem kontrollierten Fortschritt führen würde. Die Idee einer Wissenschaft der Gesellschaft („science sociale"), die im späten 18. und frühen 19. Jahrhundert in Europa aufkam, enthielt auch instrumentelle Konnotationen; sie verband eindeutig wissenschaftliche Ambitionen mit der öffentlichen Politik. Diese Idee der „Sozialwissenschaft" hatte praktische und reformistische Konnotationen als „rationaler" Leitfaden für die öffentliche Politik und den sozialen Wiederaufbau.

Die Verfechter dieser Idee bedienten sich häufig der Analogie zu den Naturwissenschaften. Viele der im Laufe des 19. Jahrhunderts entstandenen Initiativen griffen auf die Naturwissenschaften als Vorbild für die Gesellschaftsanalyse zurück. Die technischen und materiellen Fortschritte, die sich aus der Anwendung der Naturwissenschaften ergaben, weckten in verschiedenen Kreisen eine entsprechende Erwartung an die sozialen Fortschritte, die sich aus dem Aufbau einer „positiven" Wissenschaft von der Gesellschaft ergeben würden – eine Erwartung, die von jenen Naturwissenschaftlern nur noch verstärkt wurde, die ihren Anspruch auf öffentliche Anerkennung und Unterstützung dadurch untermauerten, dass sie auf die voraussichtlichen Vorteile hinwiesen, die sich aus der Ausweitung der wissenschaftlichen Methode auf den Bereich des sozialen Verhaltens ergeben würden. Die Wissenschaft stand im Mittelpunkt dieser positivistischen „Ideologie" des Fortschritts (siehe Head, 1982; Goldman, 2002).

Die Sozialwissenschaft, wie sie in Belgien erstmals institutionalisiert wurde, verkörperte eine besondere Form der Staatswissenschaft. Sie wurde insofern als legitim angesehen, als sie sich auf Probleme der Politik und Staatsverwaltung konzentrierte und dabei Fragen der sozialen Stabilität und der moralischen Ordnung besondere Aufmerksamkeit widmete. Das

Hochschulgesetz von 1835 gestattete den belgischen Universitäten die Einrichtung eines Studiengangs in Politik- und Verwaltungswissenschaften, betonte aber auch dessen Abhängigkeit von den bestehenden juristischen Studiengängen (Gerard, 1992, S. 1–8). Einige Jahre später, im Jahr 1843, richtete die Königliche Akademie Belgiens eine Klasse für Moral- und Politikwissenschaften ein. Wie ihr französisches Pendant baute die belgische Akademie dabei auf der Auffassung auf, dass die Sozialwissenschaft ein Zweig einer übergreifenden „Moralwissenschaft" sei, die der nationalen Regierung und anderen Fraktionen der herrschenden Eliten eine indirekte, aber nützliche Unterstützung bieten würde (Vincent, 2007; Heilbron, 2015, S. 211).

Außerhalb des akademischen Systems bekundeten mehrere „Staatsbeamten" ebenfalls Interesse an der Ausarbeitung einer Wissenschaft der Gesellschaft. Adolphe Quetelets Projekt einer „physique sociale" (Sozialphysik), das in den späten 1830er-Jahren in Belgien ins Leben gerufen wurde, veranschaulicht deutlich den modernen Glauben an die Anwendbarkeit der Wissenschaft auf alle Bereiche des menschlichen Schaffens. Quetelet (1796–1874) wurde als Mathematiker ausgebildet, erweiterte jedoch rasch seinen Horizont. Er wurde Lehrer für Mathematik, Physik und Astronomie. Er untersuchte auch eine Reihe von demografischen Phänomenen wie Geburten- und Sterberaten sowie so genannte „moralische" Statistiken wie Eheschließungen, Selbstmorde und Verbrechen. Sein *Modus Operandi* bestand darin, so viele numerische Beobachtungen wie möglich zu sammeln und dann nach Mustern oder Regelmäßigkeiten und Durchschnittswerten (dabei „l'homme moyen" oder der „Durchschnittsmensch") zu suchen. Mit Hilfe der Statistik hoffte er, diese Muster zu finden und zu verstehen und dieses Verständnis zu nutzen, um die Zukunft vorherzusagen und schließlich den „sozialen Körper" zu kontrollieren (Louckx, 2014).[1] Er hoffte nicht nur, die Gesetze der Gesellschaft

---

[1] In einigen Punkten sind sich die Ansichten von Comte und Quetelet recht ähnlich. Bemerkenswert ist jedoch, dass Comte und Quetelet, die Zeitgenossen waren, sich nicht auf die Arbeit des jeweils anderen bezogen haben. „Ils sont entièrement indépendants. Quetelet a ignoré Comte, Comte a voulu ignorer Quetelet" (Lottin, 1912, S. 366–367). Émile Durkheim vertrat später die Ansicht, dass Quetelets Theorie nicht erklären könne, wie der „Durchschnittsmensch" und seine statistischen Gesetze irgendeinen Drück auf die Individuen ausüben könnten. Quetelets Theorie beruhte nach Durkheims bekannter Ansicht auf einer ungenauen Beobachtung, weil sie voraussetzte, dass die sozialen Kräfte gleichmäßig auf die Individuen einwirkten. Durkheim berief sich stattdessen auf kollektive Kräfte, um die Schwankungen der Selbstmordraten zu erklären (Durkheim, 1897).

vergleichbar mit den Gesetzen der Physik zu formulieren (daher: Sozialphysik), sondern glaubte auch, die Sozialpolitik auf dieser wissenschaftlichen Grundlage verbessern zu können.

Quetelet wird oft als einer der Gründerväter der empirischen Soziologie bezeichnet (Headrick, 2000, S. 80–84; Donnelly, 2015). Ebenso wichtig wie Quetelets eigene Analysen der Sozialstatistik dürften jedoch seine Beiträge zum Aufbau eines bürokratischen Apparats gewesen sein, der die Erstellung dieser Statistiken übernehmen konnte. Quetelet war ein unermüdlicher Förderer der Datenerhebung auf der Grundlage standardisierter Methoden und Definitionen. Er setzte sich für den Aufbau von Institutionen ein und bemühte sich intensiv um die Verbreitung und Umsetzung einer solchen standardisierten Datenerhebung. Etwa zehn Jahre nach der Unabhängigkeit Belgiens gründete er die *Commission Centrale de Statistique*, die zur zentralen Stelle für die Erhebung und Veröffentlichung von Verwaltungsstatistiken in Belgien wurde. Im Jahr 1846 organisierte er die erste landesweite Volkszählung, an der alle Einwohner teilnehmen mussten. Nach 1846 fanden in Belgien in regelmäßigen Abständen, meist alle zehn Jahre, Volkszählungen statt; Quetelet war auch noch für die Volkszählungen von 1856 und 1866 verantwortlich. 1853 organisierte und leitete Quetelet auch den ersten *internationalen Kongress für Statistik*, auf dem zahlreiche methodische Standards und einheitliche Nomenklaturen festgelegt wurden. Mehr als zwei Jahrzehnte lang wurden die Sitzungen dieses Kongresses von hochrangigen Staatsbeamten aus der ganzen Welt rege besucht. „Die Teilnehmer drängten ihre Regierungen, eine Standardvorlage für die Durchführung von Volkszählungen nach dem Queteletschen Modell zu verabschieden" (Curtis, 2002, S. 20–21). Das 1885 gegründete Internationale Statistische Institut präsentiert sich auch heute noch als Erbe des Queteletschen Kongresses.

Der Aufstieg der Verwaltungsstatistiken im 19. Jahrhundert untermauerte in Belgien wie auch anderswo einen neuen Diskurs über die Gesellschaft. Diese Verwaltungsstatistiken trugen dazu bei, eine neue Art von Objekt zu „imaginieren", das sowohl Ziel wissenschaftlicher Forschung als auch politischer Interventionen sein konnte. Sie trug dazu bei, soziale Probleme wie Verarmung oder Landstreicherei zu identifizieren und Strategien zu ihrer Bewältigung vorzuschlagen (Louckx, 2014, 2017a, b; Louckx & Vanderstraeten, 2014, 2015). Ihre zunehmende Bedeutung förderte auch Definitionen der Sozialwissenschaft im Hinblick auf ihre praktischen Anwendungen. Sozialphysik und Soziologie wurden unweigerlich als Heilmittel für soziale Pathologie wahrgenommen, in der in diesem Zusammenhang so oft verwendeten medizinischen Bildsprache (siehe auch Goldman, 1987, 2002).

Die Arbeit von Quetelet führte zu einer Reihe weiterer Initiativen. Edouard Ducpétiaux (1804–1868) beispielsweise, Mitglied der *Commission Centrale de Statistique*, führte Haushaltsstudien über die Arbeiterschaft in Belgien durch (Ducpétiaux, 1855).[2] Im Jahr 1862 wurde in Brüssel die *Association Internationale pour le Progrès des Sciences Sociales* (Internationale Vereinigung für den Fortschritt der Sozialwissenschaften) gegründet. Die Vereinigung segelte ausdrücklich unter der Flagge der Sozialwissenschaften und erhob bei ihren Untersuchungen Anspruch auf wissenschaftliche Legitimität. Sie bot aber vor allem ein Forum für liberale, an sozialer „Aufklärung" und gleichgesinnte politikorientierte Empfehlungen interessierte Politiker. Sie wurde 1867 aufgelöst, tauchte aber kurz darauf in den 1890er-Jahren unter dem Namen *Association Belge pour le Progrès Social* (Belgische Vereinigung für den sozialen Fortschritt) wieder auf. Auch wenn ihr Einfluss als gering eingeschätzt werden kann, ist allein die Existenz dieser Vereinigungen ein Beweis für den „modernen" Glauben an die Autorität wissenschaftlicher Erkenntnisse und die Legitimität von Politik auf der Grundlage von Fakten und harten Daten (de Bie, 1983; Vanthemsche, 1994; Goldman, 2002, 2007; Van Dijck, 2008, S. 63–65).

In den letzten Jahrzehnten des neunzehnten Jahrhunderts begann in Belgien die Einführung der Soziologie in die universitären Lehrpläne für viel Diskussionsstoff zu sorgen. Zweifellos war dies in hohem Maße das Ergebnis der Entwicklungen in den Nachbarländern, insbesondere in Frankreich, wo es Wissenschaftlern wie Émile Durkheim und René Worms gelungen war, die Soziologie auf der Grundlage des positivistischen Projekts von Auguste Comte in den Mittelpunkt des akademischen Interesses zu rücken. Die Offenheit gegenüber der Soziologie in akademischen Kreisen in Belgien war jedoch begrenzt. Häufig wurde hier auch der Begriff „Sozialwissenschaft" bevorzugt, da Comtes Neologismus „Soziologie" mit Sozialismus und Staatsinterventionismus assoziiert wurde. Um die mühsame Einführung und Verbreitung der Soziologie in Belgien zu verstehen, müssen einige *Besonderheiten* des belgischen akademischen und soziokulturellen Kontextes berücksichtigt werden.

---

[2] Karl Marx nutzte das Werk von Ducpétiaux im 25. Kapitel des ersten Buches von *Das Kapital* (Marx, 1867) als Quelle für Informationen über Belgien.

BRÜSSEL UND LÖWEN

Chancen für die neue Disziplin boten die expandierenden Universitäten, die ein breiteres Spektrum an Karrieremöglichkeiten und ein größeres Maß an Autonomie von staatlichen Angelegenheiten und Interventionen boten. Am Ende des neunzehnten Jahrhunderts stieß die „Akademisierung" der Soziologie jedoch noch auf großen Widerstand. So diskutierte der Rektor der Universität Lüttich zu Beginn des akademischen Jahres 1884/1885 die Einrichtung eines Studiengangs für Sozial- und Staatswissenschaften. Er sah jedoch keinen Platz für die Soziologie in diesem Programm, da sie bisher keines ihrer Versprechen erfüllt hatte: „Elle n'est guère jusqu'ici qu'une table des matières dont il reste à remplir les chapitres" (Trasenster, 1884, S. 9).[3] Seine Kollegen teilten seine Vorbehalte. Die Antrittsrede des Rektors der Universität Brüssel, Eugène Van der Rest, die er zu Beginn des akademischen Jahres 1888/1889 hielt, trug den Titel „La Sociologie". Van der Rest bezog sich ausdrücklich auf die Schriften von Comte, Spencer und Durkheim, stellte aber auch die Nützlichkeit des allumfassenden Anspruchs einer auf „la vie sociale toute entière" ausgerichteten Disziplin in Frage (1888, S. 33; siehe auch de Bie, 1985, S. 22–33). Zu Beginn des nächsten akademischen Jahres wiederholte und präzisierte er seine Präferenz für ein Curriculum, in dem die angewandten, politikorientierten Sozialwissenschaften und nicht die Soziologie vorherrschen sollten (Van der Rest, 1889; siehe auch Giddings, 1891).

Mit ihrem 1889 eingerichteten Studiengang für Politik- und Sozialwissenschaften war die „freidenkerische" Universität Brüssel die erste in Belgien, die einen sozialwissenschaftlichen Lehrplan vorsah (Wils, 2005, S. 276–277; Wils & Rasmussen, 2012, S. 1277–1278). Im Großen und Ganzen zielte dieses fakultätsübergreifende Programm darauf ab, die Entwicklung „gemäßigter" Lösungen für die gesellschaftspolitischen Probleme moderner, sich industrialisierender Staaten zu unterstützen. Seine wichtigsten Architekten, darunter Van der Rest, standen der liberalen Tradition nahe. Obwohl bewusst kein Soziologiekurs eingerichtet wurde, bot das Programm den sozialistischen Intellektuellen Hector Denis (1842–1913) und Guillaume De Greef (1842–1924) eine Heimat. Beide vertraten damals die Notwendigkeit einer sozialistischen und sozio-

---

[3] „Sie [die Soziologie] ist bisher nur ein Inhaltsverzeichnis, dessen Kapitel erst noch geschrieben werden müssen".

logischen Analyse des sozioökonomischen Systems. De Greef beispielsweise schrieb in seiner ursprünglich 1886 veröffentlichten Einführung in die Soziologie: „Gegenwärtig ist die Einheit von Sozialismus und positiver Wissenschaft eine feststehende Tatsache; es bleibt nur noch, diese Einheit zu festigen und zu vervollkommnen und die legitimen Schlussfolgerungen zu ziehen" (1911, S. 229).[4]

Bevor dieses soziologische Projekt jedoch richtig in Gang kommen konnte, geriet die Universität Brüssel selbst in eine Krise. Der unmittelbare Anlass war die Absage einer geplanten Vorlesungsreihe des französischen Geografs und Anarchists Elisée Reclus durch den Akademischen Rat der Universität, aber auch dauerhafte ideologische und politische Differenzen spielten eine wichtige Rolle (Van Rooy, 1976; Noël, 1988). Die Krise führte 1894 zur Gründung einer dissidenten *Université Nouvelle* (Neue Universität), die von einer Reihe von Sozialisten und progressiven Liberalen unterstützt wurde. De Greef, der aus Protest gegen die „Reclus-Affäre" sein Amt an der Universität Brüssel aufgegeben hatte, wurde ihr Rektor.

Trotz der instabilen Fakultätsstruktur bot die *Université Nouvelle* der Philosophie und den Sozialwissenschaften reichlich Raum (Despy-Meyer & Goffin, 1976; Despy-Meyer, 1994). Viele ausländische Wissenschaftler wurden als Gastdozenten eingeladen: Neben den Brüdern Élie, Élisée und Paul Reclus hielten in der Zeit um 1900 Gelehrte wie Gabriel Tarde, René Worms, Marcel Mauss und Maurice Halbwachs Vorlesungen in Brüssel.[5] Die Position der *Université Nouvelle* blieb jedoch prekär. Ihre Abschlüsse wurden in Belgien nicht offiziell anerkannt, und nur wenige belgische Studenten schrieben sich ein. Die dissidente Einrichtung zählte jedes Jahr nur etwa 100 Studenten, von denen etwa die Hälfte Ausländer waren (Despy-Meyer, 1973, S. 8). Wie viele andere internationalistische Experi-

---

[4] „A l'heure actuelle, l'union du socialisme et de la science positive est un fait accompli; il ne s'agit plus que de la rendre de plus en plus intime et parfaite et d'en tirer les conclusions légitimes". De Greefs Einführung in die Soziologie wurde von Durkheim (1886) besprochen; seine Schriften wurden in mehrere Sprachen übersetzt. Für eine frühe Bewertung seines gesamten soziologischen Werks siehe auch Douglas (1926).

[5] Tarde zum Beispiel bot 1896/1897 einen Einführungskurs in die Soziologie an, während Worms 1909/1910 eine Reihe von Vorlesungen über das soziologische Denken von Auguste Comte hielt. Eine Übersicht findet sich bei Despy-Meyer und Goffin (1976). Es ist wahrscheinlich, dass nicht alle geplanten Vorlesungen tatsächlich stattfanden. Insgesamt war das Vorlesungsprogramm der *Université Nouvelle* jedoch stark vom Positivismus von Comte inspiriert.

mente aus dieser Zeit überlebte die *Université Nouvelle* den Ersten Weltkrieg nicht (siehe Pyenson & Verbruggen, 2009; Van Acker, 2014; Verbruggen & Carlier, 2014). Auch in Belgien hatte sie keinen nachhaltigen Einfluss, obwohl einige ihrer Teile 1919 wieder in ihre „Mutterinstitution", die *Université Libre de Bruxelles,* eingegliedert wurden.

Am Ende des neunzehnten Jahrhunderts lösten die Konflikte an der Brüsseler Universität auch Reaktionen des Industriechemikers und Politikers Ernest Solvay (1838–1922) aus. Solvay, der die Krise an der Universität Brüssel als Mitglied ihres akademischen Rates miterlebt hatte, gehörte zum progressiven Flügel des Liberalismus, der enge Kontakte zu sozialistischen Intellektuellen pflegte. Er teilte deren Glauben an die Fähigkeit der Wissenschaft, Entwürfe für eine bessere und gerechtere Organisation des „sozialen Gefüges" zu entwickeln, auch wenn seine eigene Vision eindeutig liberal ausgerichtet war. In seinem Bemühen um sozialen Fortschritt und soziale Innovation legte er großen Wert auf die Maximierung der „produktiven Kapazität" der Menschen. Um seine Ideen wissenschaftlich auszuarbeiten, gründete er 1894 das *Institut des Sciences Sociales* und berief drei Mitarbeiter, die gegen die Entscheidung ihrer Universität in der Reclus-Affäre heftig protestiert hatten: Denis und De Greef, sowie Émile Vandervelde (1866–1938). Solvay leistete auch einen aktiven Beitrag zu seinem eigenen Forschungsinstitut; in den *Annales de l'Institut des Sciences Sociales* publizierte er wiederholt über sozioökonomische und monetäre Fragen (Crombois, 1994, S. 24–33).

Trotz der anfänglichen intellektuellen Begeisterung auf beiden Seiten war das Experiment über die politischen Grenzen hinweg nicht von Dauer. Ab etwa 1900 begann Solvay, sein *Institut* umzustrukturieren. Nach der Ernennung von Émile Waxweiler (1867–1916) begann Solvay auch mit dem Bau eines Jugendstilgebäudes im Leopoldpark in Brüssel, das ein neues *Institut de Sociologie Solvay* beherbergen sollte. Dessen Direktor wurde der gelernte Ingenieur Waxweiler, der sich in seiner Studienzeit in der liberalen Politik engagiert hatte. Er hatte auch die USA besucht und war von den Arbeiten Frederick Taylors zum wissenschaftlichen Management beeindruckt. Mit Unterstützung von Solvay konnte Waxweiler Stipendien an Forscher vergeben, die bereit waren, Themen zu erforschen, die den Interessen von Waxweiler und Solvay entsprachen (siehe Popelin, 1986, S. 59–67; Crombois, 1995). Nach einigen erbitterten Auseinandersetzungen endete die Zusammenarbeit zwischen Solvay (und Waxweiler) einerseits und Denis, De Greef und Vandervelde andererseits (zu den offiziellen Erklärungen beider Seiten siehe Dejongh, 1901; Hanssens, 1901;

siehe auch de Bie, 1983, S. 134–140). Solvay warf seinen ehemaligen Mitarbeitern vor, dass sie nicht bereit gewesen seien, sich von ihren ideologischen Vorurteilen, ihren „doctrines régnantes" zu befreien (Hanssens, 1901, S. 22–23).

Am Ende des neunzehnten Jahrhunderts war die Universität Brüssel jedoch nicht die einzige Universität in Belgien, die einen sozialwissenschaftlichen Lehrplan einführte. Auch die Katholische Universität Löwen reagierte auf den Hype des späten neunzehnten Jahrhunderts um die Soziologie. 1892, also kurz nach der „freidenkerischen" Universität Brüssel, gründete die Katholische Universität ihre Schule für Politik- und Sozialwissenschaften. Die Schule war eng mit der juristischen Fakultät der Universität verbunden. Sie bot jedoch wenig Platz für die Soziologie; die Lehrveranstaltungen der Schule waren größtenteils juristisch und politisch orientiert und auf die Verwaltung des Staates ausgerichtet. Die theoretischen Ambitionen der neuen Disziplin (Soziologie) wurden besonders kritisiert. Ihr Direktor, Jules Van den Heuvel, äußerte seine Vorbehalte ohne Zögern in einem Brief vom Oktober 1896 an den *Rector magnificus* der Katholischen Universität: „Gegenwärtig ist die Soziologie meist nur eine arme Philosophie, die sich hinter langen Zitaten pittoresker Sitten und Gebräuche versteckt" (zitiert in Gerard, 1992, S. 30).[6] Es wurden auch einige empirische Untersuchungen durchgeführt, die sich jedoch hauptsächlich auf die „monographische" Methode der Familienhaushaltsstudien stützten, die von dem katholischen französischen Sozialwissenschaftler Frédéric Le Play entwickelt worden waren. Im Geiste Le Plays sollten die „Monographien" oder Fallstudien über die Lebensbedingungen von Familienhaushalten moralische Vorbilder für Katholiken liefern (vgl. Heilbron, 2015, S. 56–57). In diesem Sinne wurde auch argumentiert, dass sich die Sozialpolitik an solchen moralischen Vorbildern orientieren müsse (z. B. Brants, 1906).

Am Höheren Institut für Philosophie in Löwen wurde der Sozialtheorie von Comte und Durkheim ebenfalls Aufmerksamkeit geschenkt. Das 1889 gegründete Institut für Philosophie widmete sich der Wiederbelebung der Philosophie des heiligen Thomas von Aquin (auf Anregung von Papst Leo XIII.). Es hatte das Ziel, eine moderne Antwort auf die Angriffe des Positivismus gegen die traditionelle Religion und Philosophie zu formulieren. Mit Unterstützung dieses Instituts gründete der Jurist

---

[6] „Or la sociologie n'est le plus souvent aujourd'hui qu'une pauvre philosophie dissimulée derrière de longues citations de coutumes et de mœurs plus ou moins pittoresques".

und Politiker Cyrille Van Overbergh (1866–1959) im Dezember 1899 die erste soziologische Vereinigung in Belgien, die *Société Belge de Sociologie*. Um seine Initiative gegenüber den katholischen „Philosophen" zu verteidigen und zu legitimieren, unterscheidete Van Overbergh zwischen drei Arten von Soziologie und drei entsprechenden *Weltanschauungen*: liberal, sozialistisch und katholisch. Er lehnte sowohl den individualistischen (liberalen) als auch den kollektivistischen (sozialistischen) Ansatz ab. Stattdessen sollte die *Société Belge de Sociologie* die Entwicklung der katholischen Soziologie fördern. Der Katholizismus war seiner Ansicht nach sowohl ein theoretisches System als auch ein zivilisatorisches Projekt, „das sich in seinen günstigen Wirkungen über sechs Jahrhunderte hinweg bewährt hat" (Van Overbergh, 1900, S. 179).[7] Auf dieser soliden Grundlage könnte die Soziologie eine katholische Interpretation erhalten. Seiner Ansicht nach könnte sie eine wichtige Inspirationsquelle für die Ausarbeitung der katholischen Soziallehre sein. Die Schriften von Comte und Durkheim könnten sogar in eine katholische, neothomistische Kritik an marxistischen und liberalen Ansichten über die moderne Gesellschaft einfließen (siehe Wils, 2001, 2005; Wijns, 2003).

Ein systematischeres Interesse an der Soziologie entwickelte sich in Löwen nur allmählich. Der Widerstand gegen positivistische Analysen von „absoluten Wahrheiten" blieb lange Zeit dominant. Aber das Wachstum einer katholischen „Säule", d. h. eines Netzes katholischer Organisationen in verschiedenen Bereichen der Nationalstaat (Bildung, Gesundheitswesen, Massenmedien usw.) und für verschiedene Bevölkerungsgruppen (Arbeiter, Bauern, Frauen, Jugendliche usw.), führte allmählich zu einem größeren Interesse an der Soziologie. Ähnliche Erwartungen gab es auch bei den säkularen Säulen in Belgien. Die ideologischen Spannungen innerhalb Belgiens hinterließen ihre Spuren bei der Institutionalisierung der Soziologie. Die konkurrierenden Weltanschauungen dominierten in den Anfangsjahren der Soziologie in Belgien – und noch lange danach. Die Soziologie blieb lange Zeit mit einer Ideologie verbunden, sei sie nun säkular oder katholisch orientiert; diese ideologisch gespaltene Landschaft hat die Geschichte der Soziologie in Belgien stark geprägt. Mit den Strukturen und Folgen dieser ideologischen Spannungen und Spaltungen werden wir uns im nächsten Kapitel dieses Buches eingehender beschäftigen.

---

[7] „qui s'affirme dans ses effets bienfaisants à travers dix-neuf siècles d'histoire".

Flandern und Wallonien

Am Anfang des zwanzigsten Jahrhunderts gab es in Belgien vier Universitäten: die staatlichen Universitäten in Gent und Lüttich (die beide 1817 vom „aufgeklärten" niederländischen König gegründet worden waren) und die privaten Universitäten in Löwen und Brüssel. Die katholische Universität von Löwen wurde 1834, also kurz nach der Unabhängigkeit Belgiens, wiedererrichtet; sie war ursprünglich 1425 gegründet, aber 1797 unter französischer Herrschaft abgeschafft worden. Die „freidenkerische" Universität Brüssel war ebenfalls 1834 gegründet worden und sollte ein ideologisches Gegenstück zur Universität Löwen bilden. Wie bereits angedeutet, hatten die ideologischen Spannungen und Spaltungen innerhalb Belgiens – insbesondere zwischen Brüssel und Löwen – einen starken Einfluss auf die frühe Entwicklung einer Vielzahl von akademischen Disziplinen, einschließlich der Soziologie. Im Laufe des zwanzigsten Jahrhunderts gewannen jedoch die sprachlichen Spannungen und Trennungen zunehmend an Bedeutung. Für die meisten Disziplinen entwickelten sich in Wallonien und in Flandern unterschiedliche wissenschaftliche Gemeinschaften.

Seit 1830 war die Unterrichtssprache an den belgischen Universitäten Französisch, auch in den Einrichtungen, die sich in dem Teil des belgischen Staatsgebiets befanden, in dem die meisten Einwohner „flämisches Niederländisch" sprachen (Löwen und Gent). Auf politischen und öffentlichen Druck hin nahm die Universität Gent 1930 Niederländisch als Unterrichtssprache an. Einige Jahre später begannen auch die Universitäten von Löwen und Brüssel, Einzelkurse in Niederländisch (oder Flämisch) anzubieten. In Löwen und Brüssel wurde jedoch weiterhin auf Französisch unterrichtet. Es wird allgemein davon ausgegangen, dass die französischen Studiengänge an beiden Universitäten bis in die 1950er- oder 1960er-Jahre vorherrschend waren (z. B. Verhoeven, 1982).

Die vorherrschende Stellung des Französischen spiegelte breitere sozioökonomische Unterschiede wider. Der soziale Status im gesamten Nationalstaat hing lange Zeit weitgehend von der Kenntnis der französischen Sprache ab, da Belgien von einem industrialisierten und politisch mächtigen wallonischen Teil und einem hauptsächlich französischsprachigen Adel und Bürgertum im flämischen Teil des Landes dominiert wurde. Aber auch die Struktur des Universitätssystems trug dazu bei, dass die Dominanz des Französischen gegenüber der Mehrheit, d. h. dem niederländisch oder flämisch sprechenden Teil der belgischen Bevölkerung, aufrechterhalten wurde.

Zweifellos wurden die Sprachkonflikte durch den Ausbau des Hochschulsystems verschärft. Infolge des Anstiegs der Schülerzahlen im Sekundarbereich und der Ausweitung des Systems der Studienfinanzierung im Hochschulbereich stieg die Gesamtzahl der Studenten in der Zeit nach dem Zweiten Weltkrieg in einem noch nie gesehenen Maße an. Die Expansion der Katholischen Universität Löwen, die sich mitten auf flämischem Gebiet befand, brachte jedoch die Verstärkung der frankophonen Präsenz auf flämischem Gebiet mit sich. Diese Entwicklung löste in Flandern erbitterten Widerstand aus – sowohl innerhalb als auch außerhalb von Löwen (Louvain ist der französische und Leuven der niederländische Name der gleichen Stadt). Sie führte Ende der 1960er-Jahre zur so genannten „Löwenfrage", die zum Sturz der belgischen Regierung führte und eine Reihe von Verfassungsreformen auslöste, die Belgien in einen auf internen Sprachgrenzen basierenden Bundesstaat verwandelten. Die „Löwenfrage" führte auch zur Teilung der Katholischen Universität in zwei autonome Einheiten, eine niederländischsprachige in Leuven und eine französischsprachige, für die ein neuer Standort in Wallonien (Louvain-la-Neuve, d. h. das „neue Löwen") geschaffen wurde. Um neue ideologische Konflikte zu vermeiden, wurde die Universität Brüssel damals ebenfalls in unabhängige französische und flämische Einrichtungen aufgeteilt.

Die Teilung der Universitäten von Leuven und Brüssel im Jahr 1968 wurde durch neue Universitätserweiterungsgesetze ermöglicht, die sowohl die Erweiterung der bestehenden Universitäten als auch die Gründung neuer Universitäten zuließen. In der Folgezeit expandierte das Universitätssystem rasch. Bis in die 1970er-Jahre entstanden neue Universitäten in Antwerpen, Hasselt, Brüssel, Mons und Namur, während die Universität Löwen auch einen neuen Standort in Kortrijk einrichten durfte. Wie die Aufteilung der Universitäten von Löwen und Brüssel zeigt, fand dieser Expansionsprozess in einem neuen politischen Kontext statt, in dem Belgien in verschiedene Sprachregionen aufgeteilt war und die politische Verantwortung für das Bildungswesen auf die regionale Ebene verlagert wurde. In der zweiten Hälfte des zwanzigsten Jahrhunderts traten die sprachlichen Trennungen in Belgien stärker in den Vordergrund als die ideologischen.

Dieser Expansionsprozess, der mit einer sprachlichen Aufteilung einherging, prägte auch die Entwicklung der Soziologie in Belgien. Die verschiedenen Universitäten versuchten, sich gegenseitig auszustechen. Die Zusammenarbeit auf nationaler Ebene war mühsam. Die erste belgische soziologische Vereinigung war die bereits erwähnte französischsprachige und katholische *Société Belge de Sociologie*. Sie wurde 1899 gegründet und zählte zu Beginn des zwanzigsten Jahrhunderts 37 Mitglieder. Sie verschwand jedoch noch vor dem Ersten Weltkrieg, als sich ihre wichtigsten Mitglieder anderen Tätigkeiten und Projekten zuwandten. Über ihr eigenes katholisches Netzwerk hinaus hatte sie wahrscheinlich keine große Wirkung. In ganz Belgien hatte die Soziologie in der Zwischenkriegszeit institutionell keinen guten Stand. Als kurz nach dem Zweiten Weltkrieg eine zweite *Société Belge de Sociologie* gegründet wurde, scheinen ihre Gründungsmitglieder nicht einmal von der Existenz eines Vorläufers mit demselben Namen gewusst zu haben, wie einer von ihnen später öffentlich bezeugte (de Bie, 1986, S. 225).[8]

Obwohl es sich bei der zweiten *Société* (wieder) um eine französischsprachige wissenschaftliche Vereinigung handelte, war ihr ideologischer und geografischer Aktionsradius breiter. Soziologen aller vier belgischen Universitäten waren daran beteiligt. Der Hauptanreiz für die Gründung der neuen Vereinigung ging von der Abteilung für Sozialwissenschaften der UNESCO aus – und von den Mitteln, die sie an nationale Forschungsverbände und Konsortien verteilen konnte (de Bie, 1986, S. 227–230). Die interuniversitäre Zusammenarbeit der Soziologen war jedoch nicht von langer Dauer. Ideologische und sprachliche Differenzen traten bald wieder zutage. 1962 wurde eine konkurrierende Organisation flämischer Soziologen gegründet (*Organisatie voor Vlaamse Sociologen*). 1975 gründete die *Société* eine französisch- und eine niederländischsprachige Abteilung: die *Association des Sociologues Belges de Langue Française* (ASBLF) auf der einen Seite und die *Vlaamse Vereniging voor Sociologie* (VVS) auf der anderen. Obwohl die *Société* nun als Dachverband auf nationaler Ebene fungieren sollte, der auch die Verbindung zu internationalen Organisationen herstellen konnte, löste sie sich nur wenige Jahre später auf.

Seit Ende der 1970er-Jahre gibt es in Belgien kein nationales Forum für Soziologie mehr. Es gibt weder eine nationale Vereinigung noch eine

---

[8] De Bie untersuchte später die erste Société Belge de Sociologie eingehender und konzentrierte sich dabei insbesondere auf die internen Konflikte, die zu ihrer Auflösung führten. Er war auf seine eigene Weise kritisch. Seiner Ansicht nach war Cyrille Van Overbergh, das aktivste Mitglied dieser Vereinigung, kein echter Soziologe (de Bie, 1988; siehe auch Wijns, 2003).

nationale Zeitschrift für Soziologie.[9] Regelmäßige nationale Konferenzen werden nicht mehr organisiert, obwohl bestimmte „soziale Herausforderungen" oder „soziale Probleme" gelegentlich noch genutzt/konstruiert werden, um Sozialwissenschaftler aus verschiedenen Teilen Belgiens zusammenzubringen. In Flandern und Wallonien haben sich die Soziologie und viele andere wissenschaftliche Disziplinen in unterschiedliche Richtungen entwickelt. Wie wir im dritten und vierten Kapitel dieses Buches näher sehen werden, haben sich in beiden Sprachgemeinschaften auch recht unterschiedliche internationale Forschungsnetzwerke institutionalisiert: Während französischsprachige Forscher in Belgien im Allgemeinen gut mit Forschern in anderen französischsprachigen Teilen der Welt (Frankreich, Québec) vernetzt sind, orientieren sich flämische Forscher vor allem an Forschern in den Niederlanden, Skandinavien und der angelsächsischen Welt (siehe Vanderstraeten, 2010).

Die sprachliche Trennung hat sich in Belgien in der zweiten Hälfte des letzten Jahrhunderts durchgesetzt. In den meisten Fachgebieten, einschließlich der Soziologie, gibt es in Belgien unterschiedliche niederländisch- und französischsprachige Fachgemeinschaften. Zugleich sind die ideologischen Spannungen auf beiden Seiten der Sprachgrenze nicht verschwunden. Obwohl inzwischen sieben Universitäten in Belgien Soziologieprogramme anbieten, hat sich keine nationale Forschungsgemeinschaft gebildet. Sowohl die sprachliche als auch die ideologische Trennung haben zu einer Aufteilung des akademischen Systems in eine Vielzahl von wissenschaftlichen Disziplinen geführt. Das Bild der Soziologie in Belgien, das sich derzeit am stärksten durchsetzt, ist das einer „provinziellen" Soziologie. Wir werden diese Entwicklung in den folgenden Kapiteln noch genauer nachzeichnen.

---

[9] In dieser Hinsicht unterscheidet sich Belgien von einigen anderen kleinen und sprachlich heterogenen Ländern, wie der Schweiz. Für die Soziologie gibt es hier eine mehrsprachige nationale Zeitschrift, die *Schweizerische Zeitschrift für Soziologie/Revue Suisse de Sociologie/Swiss Journal of Sociology*, die Arbeiten in deutscher, französischer oder englischer Sprache veröffentlicht. Auch wenn wir die „vereinigende" Bedeutung dieser Zeitschrift für die Schweizer Soziologengemeinschaft nicht überbewerten wollen, ist es offensichtlich, dass das Fehlen nationaler Kommunikationsplattformen die Organisation des wissenschaftlichen Austauschs auf nationaler Ebene behindert.

Gliederung des Buches

Während die Geschichte der Wissenschaft und Technologie in Belgien in den letzten Jahrzehnten systematische Aufmerksamkeit erhalten hat (z. B. Halleux et al., 2001), gibt es kaum Überlegungen zur Geschichte der Soziologie in Belgien. Darüber hinaus wurden mehrere der verfügbaren Beiträge zu spezifischen Gedenkzwecken verfasst, wie z. B. zu Jubiläen bestimmter Institute. Einige wurden auch von „Protagonisten" verfasst, die auf ihr eigenes Leben und ihren Werdegang in der Wissenschaft zurückblicken oder die Situation beschreiben, die sie kennen gelernt haben (z. B. Van Goethem, 1947; De Jonghe, 1976; Vilrokx, 1977; Dumon, 1981; Voyé & Dobbelaere, 1994; Coenen-Huther, 2002, 2006). Diese Beiträge sind zwar oft für sich genommen interessant, aber keiner von ihnen bietet eine systematische soziologische Reflexion über die Geschichte der Soziologie oder der Sozialwissenschaften in Belgien. Dies gilt auch für eine kürzlich erschienene Zusammenstellung von biografischen Artikeln über „vergessene" Soziologen und Anthropologen im französischsprachigen Teil Belgiens (2014 veröffentlicht in einer Ausgabe der Zeitschrift *Anamnèse*).

Bislang ist nur die „Geburt" oder „Entstehung" der Soziologie in Belgien ausführlich beschrieben und analysiert worden. Der Soziologe Pierre de Bie hat in seiner langen wissenschaftlichen Laufbahn, die von den 1940er bis in die 1980er-Jahre reichte, ausführlich über die „Anfangsjahre" geschrieben, wenn auch mit einer essentialistischen Ausrichtung. Trotz der Gelehrsamkeit, die in seinem Werk sichtbar wird, konzentrierte er sich auf die Schriften der „hommes de valeur" (Männer von Wert) in der belgischen Soziologie (de Bie, 1986, S. 193). Sein Hauptanliegen war es, zu unterscheiden zwischen dem, was als „Soziologie" bezeichnet werden kann, und dem, was es nicht ist. Er unterschied zwischen „le mot" und „la chose": „on peut trouver la chose sans le mot, mais fréquemment aussi le mot sans la chose" (de Bie, 1985, S. 4).[10] Seine Geschichte der Anfangsjahre der belgischen Soziologie lässt die sozialen und kulturellen Bedingungen außer Acht, unter denen sich die Soziologie entwickeln und (neu) definieren konnte. Im Gegensatz dazu hat die Kulturhistorikerin Kaat Wils in den letzten Jahren dem intellektuellen Kontext, in dem die Soziologie in Belgien „durchstartete", mehr Aufmerksamkeit gewidmet. Ihre ausgezeichneten Forschungen konzentrieren sich insbesondere auf

---

[10] „Man kann die Sache ohne das Wort finden, aber häufig auch das Wort ohne die Sache".

den Einfluss des Positivismus von Comte auf die belgischen Soziologen in der Zeit um 1900 (vgl. Wils, 2005). Einige verwandte Themen, wie der Einfluss des Darwinismus auf die „Geburt" der Soziologie, wurden kürzlich auch von Historikern untersucht (De Bont, 2008; siehe auch Deferme, 2007). Es gibt jedoch keine Arbeit, die die Geschichte der Soziologie in Belgien während des gesamten zwanzigsten Jahrhunderts behandelt. Das vorliegende Buch soll diese Lücke füllen. Es soll eine soziologische Darstellung der Geschichte der Soziologie in diesem kleinen und heterogenen Land vom neunzehnten bis zum frühen einundzwanzigsten Jahrhundert bieten.

Um die Entwicklung der Soziologie in Belgien nachvollziehen zu können, werden im Folgenden zunächst die Faktoren näher betrachtet, die die Geschichte der Soziologie in Belgien von anderen nationalen Geschichten unterscheiden. Das zweite Kapitel ist einer Analyse der Beziehung zwischen Religion (Katholizismus) und Soziologie gewidmet. Besonderes Augenmerk gilt dabei den Konflikten zwischen klerikalen und antiklerikalen Standpunkten, der Art und Weise, wie Sozialwissenschaft und Soziologie in katholischen Kreisen salonfähig wurden, und der Entwicklung einer eigenen Form der Religionssoziologie an den katholischen Universitäten in Leuven und Louvain-la-Neuve. Das dritte Kapitel befasst sich anschließend mit der Zunahme der sprachlichen Vielfalt in Belgien. Es geht insbesondere auf den Aufstieg des Flämischen oder Niederländischen als „legitime" Sprache ein. Da die Sprachgrenze in den frühen 1960er-Jahren verfassungsmäßig festgelegt wurde, fand die Expansion des Universitätssystems und mehrerer wissenschaftlicher Disziplinen, einschließlich der Soziologie, in der Nachkriegszeit in einem regionalisierten Kontext statt. In der zweiten Hälfte des zwanzigsten Jahrhunderts bildeten sich unterschiedliche Gemeinschaften niederländisch- und französischsprachiger Soziologen heraus. Das dritte Kapitel skizziert die sprachliche Pluralisierung der Soziologie in Belgien.

Das zweite und dritte Kapitel skizzieren das soziokulturelle Umfeld, das die Geschichte der Soziologie in Belgien geprägt hat, und ermöglichen es, die Besonderheiten der belgischen Tradition besser zu verstehen. Sie bauen jedoch nicht auf der Idee auf, dass nationale Traditionen nur in ihrem nationalen Kontext verstanden werden müssen. Vielmehr tragen sie der Kritik am „methodologischen Nationalismus" Rechnung. Der Fokus auf die *differentia specifica* Belgiens, auf die spezifischen Bedingungen, unter denen soziologische Netzwerke in Belgien entstehen, zerfallen und sich wieder etablieren konnten, ermöglicht es, die Untersuchung einer nationalen Tradition mit einer breiteren transnationalen Perspektive zu verbinden. Das vierte Kapitel zielt ebenfalls darauf ab, eine nationale mit einer transnationalen Perspektive zu verbinden. Dieses Kapitel ist einer Analyse der sich verändernden Netzwerkstrukturen gewidmet, die die wissenschaftlichen Gemeinschaften der niederländisch- und französischsprachigen Soziologen in Belgien kennzeichnen. Es ist insbesondere einer detaillierten Analyse der Geschichte der Publikationspraktiken innerhalb dieser wissenschaftlichen Gemeinschaften gewidmet. Die Analysen konzentrieren sich unter anderem auf die Institutionalisierung von Publikationsimperativen („publish or perish!"). Sie beziehen die verschiedenen akademischen Kontexte in Belgien in unsere Darstellung der Produktion soziologischer Arbeiten ein.[11]

Kurz gesagt: Diese Studie soll erstens Entwicklungen und historische Muster dokumentieren und verdeutlichen, die bisher wenig bekannt sind. Sie analysiert, wie die spezifischen soziokulturellen und akademischen Kontexte, innerhalb derer sich die disziplinäre Entwicklung der Soziologie in Belgien vollzog, dazu beitragen, die intellektuellen Strategien und die Arten von Wissen zu erklären, die verfolgt wurden. Sie beleuchtet das Entstehen unterschiedlicher Forschungsgemeinschaften in Belgien und die zunehmenden Divergenzen zwischen ihnen und zeigt, wie die Sozialwissenschaft maßgeblich an der Konstruktion (der vorherrschenden Sichtweise) der sozialen Klüfte in Belgien beteiligt war. Anhand einer konkreten Fallstudie werden in den folgenden Kapiteln mehrere entscheidende Aspekte dieses komplexen Interaktionsprozesses behandelt. Aber dieses Buch verfolgt auch ein breiteres Ziel. Sein zweites Ziel ist es, einige Änderungen in der Art und Weise vorzuschlagen, wie die Geschichte der Soziologie konzipiert werden sollte. Indem es neue Wege erkundet, die Geschichte der Soziologie (in Belgien) zu schreiben, will dieses Buch auch die soziologische Imagination erweitern.

---

[11] Es ist fair zu erwähnen, dass diese englischsprachige Darstellung der Soziologie in Belgien uns auch gezwungen hat, einige Auswahlen zu treffen. So wurden vor allem Ansätze wie Diskursanalysen von Soziologie-Handbüchern ausgeschlossen, die lange Zitate aus französischen oder niederländischen Quellen erfordern würden. Insgesamt sind wir jedoch der Meinung, dass die verschiedenen Kapitel dieses Buches einen breiten und ausgewogenen Überblick über die Geschichte der Soziologie in den verschiedenen, relativ isolierten Netzwerken in Belgien bieten.

Literatur

de Bie, P. (1983). Les débuts de la sociologie en Belgique. I: La fondation du premier institut de sociologie Solvay. *Recherches Sociologiques, 14*(2), 109–140.

de Bie, P. (1985). Les débuts de la sociologie en Belgique. II: La préparation: Pionniers et préoccupations au XIXe siècle. *Recherches Sociologiques, 16*(1), 3–37.

de Bie, P. (1986). Les débuts de la sociologie en Belgique. III: Les sociétés belges de sociologie et le centre interuniversitaire. *Recherches Sociologiques, 17*(2), 193–230.

de Bie, P. (1988). *Naissance et premiers développements de la sociologie en Belgique*. Ciaco.

Brants, V. (1906). La part de la méthode de Le Play dans les études sociales en Belgique. *La Réforme Sociale, 6*, 636–652.

Brubaker, R. (2013). Language, religion and the politics of difference. *Nations and Nationalism, 19*(1), 1–20.

Coenen-Huther, J. (2002). Entre cultures et structures. Essai d'autobiographie sociologique. *Revue Européenne des Sciences Sociales, 40*, 5–39.

Coenen-Huther, J. (2006). Eugène Dupréel, philosophe, sociologue et moraliste. *Revue Européenne des Sciences Sociales, 44*, 97–118.

Crombois, J.-F. (1994). *L'univers de la sociologie en Belgique de 1900 à 1940*. Editions de l'Université de Bruxelles.

Crombois, J.-F. (1995). Bibliographie, sociologie et coopération internationale. De l'Institut International de Bibliographie à l'Institut de Sociologie Solvay. In A. Despy-Meyer (Hrsg.), *Cent ans de l'Office International de Bibliographie* (S. 215–238). Editions Mundanéum.

Curtis, B. (2002). *The politics of population: State formation, statistics, and the census of Canada, 1840–1875*. University of Toronto Press.

De Bont, R. (2008). *Darwins kleinkinderen. De evolutietheorie in België 1864–1945*. Vantilt.

De Greef, G. (1911). *Introduction à la sociologie*. Mayolez.

De Jonghe, E. (1976). Het onderwijs der politieke en sociale wetenschappen te Leuven 1892–1976. *Politica, 26*(2), 102–128.

Deferme, J. (2007). *Uit de ketens van de vrijheid: Het debat over de sociale politiek in België 1886–1914*. Universitaire Pers Leuven.

Dejongh, C. (1901). *Note pour MM. De Greef, Denis et Vandervelde*. s.n.

Despy-Meyer, A. (1973). *Inventaire des archives de l'Université Nouvelle de Bruxelles, 1894–1919*. Association des Archivistes et Bibliothécaires de Belgique.

Despy-Meyer, A. (1994). Un laboratoire d'idées: l'Université Nouvelle de Bruxelles (1894–1919). In G. Kurgan-van Hentenryk (Hrsg.), *Laboratoires et réseaux de diffusion des idées en Belgique (XIXe–XXe siècles)* (S. 51–54). Editions de l'Université de Bruxelles.

Despy-Meyer, A., & Goffin, P. (1976). *Liber Memorialis de l'Institut des Hautes Études de Belgique fondé en 1894.* Université Libre de Bruxelles.

Donnelly, K. (2015). *Progression to the mean: Adolphe Quetelet, social physics and the average men of science, 1796–1874.* Pickering & Chatto.

Douglas, D. W. (1926). The social purpose in the sociology of DeGreef. *American Journal of Sociology, 31*(4), 433–454.

Ducpétiaux, E. (1855). *Budgets économiques des classes ouvrières en Belgique.* Hayez.

Dumon, W. (1981). Sociologie in België. In L. Rademaker (Hrsg.), *Sociologische grondbegrippen I* (S. 166–198). Spectrum.

Durkheim, E. (1886). Review of „Guillaume de Greef, Introduction à la sociologie". *Revue Philosophique, 22,* 658–663.

Durkheim, E. (1897). *Le suicide.* Félix Alcan.

Gerard, E. (1992). *Sociale wetenschappen aan de Katholieke Universiteit te Leuven, 1892–1992.* Politica Cahier.

Giddings, F. H. (1891). Sociology as a university study. *Political Science Quarterly, 6*(4), 635–655.

Goldman, L. (1987). A peculiarity of the English? The Social Science Association and the absence of sociology in nineteenth-century Britain. *Past & Present, 114,* 133–171.

Goldman, L. (2002). *Science, reform, and politics in Victorian Britain: The Social Science Association 1857–1886.* Cambridge University Press.

Goldman, L. (2007). Foundations of British sociology 1880–1930: Contexts and biographies. *The Sociological Review, 55*(3), 431–440.

Halleux, R., Vanpaemel, G., Vandersmissen, J., & Despy-Meyer, A. (Hrsg.). (2001). *Geschiedenis van de wetenschappen in België, 1815–2000.* Dexia.

Hanssens, E. (1901). *Note pour M. Solvay.* s.n.

Head, B. (1982). The origins of 'la science sociale' in France, 1770–1800. *Australian Journal of French Studies, 19*(2), 115–132.

Headrick, D. R. (2000). *When information came of age. Technologies of knowledge in the age of reason and revolution, 1700–1850.* Oxford University Press.

Heilbron, J. (2015). *French sociology.* Cornell University Press.

Lottin, J. (1912). *Quetelet, statisticien et sociologue.* Institut Supérieur de Philosophie.

Louckx, K. (2014). *Statistics or state-istics? An anatomy of the corps social presented in the Belgian population censuses (1846–1947).* Ph.D. dissertation, Ghent University/Ghent.

Louckx, K. (2017a). Parameters of nation-ness and citizenship in Belgium (1846–1947). In G. Verschraegen et al. (Hrsg.), *Imagined futures in science, technology and society* (S. 169–185). Routledge.

Louckx, K. (2017b). The nation-state in its state-istics (Belgium, 1846–1947). *Nations and Nationalism, 23*(3), 505–523.

Louckx, K., & Vanderstraeten, R. (2014). Statistics and state-istics: Exclusion categories in the population census (Belgium, 1846–1930). *The Sociological Review, 62*(3), 530–546.
Louckx, K., & Vanderstraeten, R. (2015). Household and state-istics: Cornerstones of society in population censuses (Belgium, 1846–1947). *Social Science History, 39*(2), 201–215.
Marx, K. (1867). *Das Kapital: Kritik der politischen Ökonomie*. Otto Meisner.
Noël, F. (1988). *1894: L'Université Libre de Bruxelles en crise*. Editions de l'Université.
Popelin, P. (1986). *Origines et évolution des études sociologiques à l'U.L.B.* MA Dissertation, ULB, Brussels.
Pyenson, L., & Verbruggen, C. (2009). Ego and the international: The modernist circle of George Sarton. *Isis, 100*(1), 60–78.
Slack, P. (2014). *The invention of improvement: Information and material progress in seventeenth-century England*. Oxford University Press.
Trasenster, L. (1884). *L'enseignement des sciences sociales et politiques*. Desoer.
Van Acker, W. (2014). Sociology in Brussels: Organicism and the idea of a world society in the period before the First World War. In W. B. Rayward (Hrsg.), *Information beyond borders: International cultural and intellectual exchange in the Belle Époque* (S. 143–168). Ashgate.
Van der Rest, E. (1888). *La sociologie: Discours prononcé à la séance de rentrée de l'Université de Bruxelles le 15 octobre 1888*. Mayolez.
Van der Rest, E. (1889). *L'enseignement des sciences sociales: Discours*. Mayolez.
Van Dijck, M. (2008). *De wetenschap van de wetgever: de klassieke politieke economie en het Belgisch landbouwbeleid, 1830–1884*. Leuven University Press.
Van Goethem, F. (1947). De herdenking van het vijftigjarig bestaan der School voor Politieke en Sociale Wetenschappen te Leuven. *De Gids op Maatschappelijk Gebied, 38*, 731–744.
Van Overbergh, C. (1900). Les courants sociologiques du XIXe siècle. *Revue Néo-Scolastique, 7*(2), 173–189.
Van Rooy, W. (1976). L'agitation étudiante et la fondation de l'Université Nouvelle en 1894. *Revue Belge d'Histoire Contemporaine, 7*(1/2), 197–241.
Vanderstraeten, R. (2010). Scientific communication: Sociology journals and publication practices. *Sociology, 44*(3), 559–576.
Vanthemsche, G. (1994). Laboratoires d'idées et progrès social. Le cas de l'Association Belge pour le Progrès Social et de ses prédécesseurs (1890–1960). In G. Kurgan-van Hentenryk (Hrsg.), *Laboratoires et réseaux de diffusion des idées en Belgique (XIXe-XXe siècles)* (S. 55–76). Editions de l'Université de Bruxelles.
Verbruggen, C., & Carlier, J. (2014). Laboratories of social thought: The transnational advocacy network of the 'Institut International pour la Diffusion des Expériences Sociales' and its 'Documents du Progrès' (1907–1916). In

W. B. Rayward (Hrsg.), *Information beyond borders: International cultural and intellectual exchange in the Belle Époque* (S. 123–142). Ashgate.

Verhoeven, J. (1982). Belgium: Linguistic communalism, bureaucratization and democratization. In H. Daalder & E. Shils (Hrsg.), *Universities, politicians and bureaucrats: Europe and the United States* (S. 125–171). Cambridge University Press.

Vilrokx, J. (1977). Sociologie-opleidingen in België. In P. G. Swanborn (Hrsg.), *Studeren in de sociologie* (S. 42–63). Nijgh & van Ditmar.

Vincent, J. (2007). Les 'sciences morales': de la gloire à l'oubli? Savoirs et politique en Europe au XIXe siècle. *La Revue pour l'Histoire du CNRS*, 18. http://histoire-cnrs.revues.org/4551. Zugegriffen am 17.02.2023.

Voyé, L., & Dobbelaere, K. (1994). Contemporary sociology in Belgium. In R. P. Mohan & A. S. Wilke (Hrsg.), *International handbook of contemporary developments in sociology* (S. 20–43). Mansell.

Wijns, F. (2003). *De Société belge de Sociologie en haar verhouding tot E. Durkheim, 1900–1914*. MA dissertation, Ghent University/Ghent.

Wils, K. (2001). De sociologie. In R. Halleux et al. (Hrsg.), *Geschiedenis van de wetenschappen in België, 1815–2000, deel 1* (S. 305–322). Dexia.

Wils, K. (2005). *De omweg van de wetenschap: Het positivisme en de Belgische en Nederlandse intellectuele cultuur, 1845–1914*. Amsterdam University Press.

Wils, K., & Rasmussen, A. (2012). Sociology in a transnational perspective: Brussels, 1890–1925. *Revue Belge de Philologie et d'Histoire*, 90(4), 1273–1296.

KAPITEL 2

Religion

Zusammenfassung Man sagt, Belgien sei intern in ideologisch definierte „Säulen" unterteilt, die durch unzählige Organisationen, die ausschließlich den Mitgliedern ihrer eigenen Säule dienen, voneinander getrennt sind. Die Säulenbildung ist in der belgischen Soziologie ausführlich diskutiert worden. Aber die Säulenbildung hatte auch einen starken Einfluss auf die Entwicklung der Soziologie in Belgien. Sie führte zur Entwicklung und Institutionalisierung unterschiedlicher Soziologien innerhalb Belgiens. Nach einem Überblick über diese Unterschiede und ihre nachhaltigen Auswirkungen auf die Soziologie befasst sich dieses Kapitel ausführlicher mit der Soziologie, wie sie von den belgischen Katholiken praktiziert wurde, sowie mit dem Aufkommen der religiösen Soziologie und ihrer allmählichen Umwandlung in eine Soziologie der (wahren) Religion, d. h. in eine Soziologie des Katholizismus, und schließlich in eine Soziologie der Religionen.

Belgien ist für seine innere Spaltung bekannt. In den letzten Jahrzehnten sind die sprachlichen Spannungen zwischen dem niederländisch- und dem französischsprachigen Teil der Bevölkerung sehr deutlich geworden. In den 1960er-Jahren wurden klar getrennte Sprachgebiete eingerichtet. Da-

© Der/die Autor(en), exklusiv lizenziert an Springer Nature
Switzerland AG 2023
R. Vanderstraeten, K. Louckx, *Soziologie in Belgien*,
https://doi.org/10.1007/978-3-031-24381-3_2

nach entwickelte sich Belgien von einem Einheitsstaat zu einem föderalen Staat mit getrennten Regionen, die durch Sprachgrenzen definiert sind. Mehrere aufeinander folgende Verfassungsreformen ermöglichten die Regionalisierung der politischen Zuständigkeiten in Bereichen wie öffentliche Verwaltung, Kultur, Bildung, Gesundheitswesen, Wirtschaft, Umweltschutz und so weiter. Auch das akademische System ist derzeit nach Sprachen geteilt. Wie wir in den folgenden Kapiteln noch genauer sehen werden, gibt es heute für die meisten akademischen Fachgebiete, einschließlich der Soziologie, getrennte niederländisch- und französischsprachige wissenschaftliche Gemeinschaften in Belgien.

Belgien ist jedoch nicht nur in unterschiedliche Sprachgebiete aufgeteilt. Über einen langen Zeitraum hinweg waren ideologische Konflikte sehr ausgeprägt und folgenreich. Während die Sprachgrenzen derzeit den Rahmen bilden, in dem die meisten anderen Konflikte ausgetragen werden, waren die politisch-religiösen Spannungen während eines Großteils des neunzehnten und zwanzigsten Jahrhunderts vorherrschend. Wie bereits erwähnt, wurde die Bedeutung des nationalen Mottos *L'union fait la force* (Einkeit macht stark) in den letzten Jahrzehnten entsprechend umgedeutet. Ursprünglich bezog er sich jedoch auf eine nationale Einheit, die über die ideologischen Unterschiede zwischen Katholiken und Liberalen (die die Religionsfreiheit verteidigten, aber auch Freidenker sein konnten, d. h. Freimaurer und Gegner des römischen Katholizismus) hinausging.

Die ideologischen Spaltungen traten Ende des neunzehnten Jahrhunderts deutlicher zutage. Zu dieser Zeit begann auch eine andere säkulare, vom Sozialismus und Marxismus inspirierte Weltanschauung, in Belgien institutionelle Unterstützung zu finden. In diesem Kapitel werden wir zunächst einige theoretische Überlegungen zur Geschichte des Verhältnisses zwischen Staat und Religion anstellen. Anschließend wird erörtert, wie die politisch-religiösen Spaltungen innerhalb des belgischen Nationalstaates kontrolliert wurden, und es wird gezeigt, wie das Wachstum des Universitätssystems und die Entwicklung der Soziologie durch diese Spaltungen bedingt waren. Die polarisierte und „versäulte" soziale Landschaft bildete den Rahmen, in dem sich die Sozialwissenschaft und die Soziologie legitimieren konnten. Sie führte auch zur Entwicklung und Institutionalisierung der unterschiedlichen Soziologien in Belgien. In den letzten Abschnitten dieses Kapitels werden wir uns näher mit der Soziologie befassen, wie sie von den belgischen Katholiken praktiziert wurde, sowie mit dem Aufkommen der religiösen Soziologie und ihrer allmählichen Umwandlung in eine Soziologie der (wahren oder einzigen) Religion, d. h. in eine Soziologie des Katholizismus, und schließlich in eine Soziologie der Religionen (im Plural).

Staat und Religion

Unsere heutigen Vorstellungen von den Beziehungen zwischen Staat und Kirche haben eine lange Vorgeschichte, insbesondere in Europa. Die Beziehungen zwischen Staat und Kirche haben sich nach der Reformation verkompliziert. Die religiösen Veränderungen im Gefolge der Reformation wurden von langwierigen Kriegen begleitet. Der Westfälische Friede (1648), der die Religionskriege (die gleichzeitig Kriege zwischen und innerhalb von Staaten waren) beendete, erklärte, dass die Herrscher der Staaten die höchste Autorität über und innerhalb ihrer Territorien haben sollten. Sie sollten auch frei sein von Einmischungen in ihre inneren Angelegenheiten durch die Herrscher anderer Staaten. Diese Autonomie oder Souveränität schloss das Recht ein, zu bestimmen, welche Religion in einem bestimmten politischen Bereich die Oberhand haben sollte.

In den Friedensverträgen wurde insbesondere festgelegt, dass die Herrscher davon ausgehen konnten, dass ihre Untertanen, d. h. die ihrer Autorität unterworfene Bevölkerung, ihrer Religion anhängen würden. Das Recht der souveränen Herrscher wurde später durch die berühmte lateinische Formel *cuius regio, eius religio* (wessen Reich, dessen Religion) ausgedrückt. Obwohl eine Unterscheidung zwischen Staat und Kirche beibehalten wurde, koordinierte der Westfälische Friede die politische und religiöse Identität. Die Reihenfolge der Formel wies tatsächlich in die Richtung dessen, was wir heute als „Regulierung" der Religion durch den Staat bezeichnen würden. Er propagierte die Idee einer Staatsreligion, die Idee von „etablierten" oder staatlichen Kirchen (Anderson, 2006; Beyer, 2006).

Religion war auch ein wichtiger Faktor in den Jahrzehnten um 1800, als der Übergang von politischen Einheiten, die von und durch ihre Herrscher definiert wurden, zu solchen erfolgte, die im Prinzip von Kollektiven bestimmt wurden, die „Völker" oder „Nationen" genannt wurden, oder als – wie oft gesagt wird – die Idee und die soziale Realität des modernen Nationalstaats Gestalt annahmen (Gellner, 1983; Bayly, 2004). In vielerlei Hinsicht blieben beide sozialen Einheiten miteinander verflochten und voneinander abhängig. Hier muss keine essentialistische Verbindung zwischen Religion und Nation angenommen werden. Vielmehr kann diese Verbindung als Folge von Transformationen des Gesellschaftssystems und der Bildung moderner Nationalstaaten gesehen werden. Nationalstaaten können als Zusammenschlüsse von Individuen verstanden werden, *die sich selbst* als Teil desselben religiösen Glaubenssystems *betrachten*.

Wie Sprachen werden auch Religionen oft als Mittel zur Identifizierung von sich selbst und anderen, zur Benennung grundlegender sozialer Identitäten und zur Vorstellung von Einheit und Differenz verstanden. In den Worten von Rogers Brubaker: „Sprache, Religion oder beides werden im Allgemeinen als zentral oder sogar konstitutiv für die meisten ethnischen und nationalen Identifikationen verstanden, und sie dienen häufig als die wichtigsten diakritischen Marker, Embleme oder Symbole solcher Identifikationen" (2013, S. 3). Vor allem moderne Nationalstaaten haben in der Regel versucht, eine religiöse und sprachliche Gemeinschaft mit einer politischen Gemeinschaft zu verbinden. Obwohl Nationalstaaten oft gezwungen sind, die Trennung zwischen Staat und Kirche zu betonen, bleiben nationale und religiöse (oder sprachliche) Formen der „Zugehörigkeit" auch weiterhin eng miteinander verbunden (Louckx, 2017).

In der Selbstdarstellung moderner Nationalstaaten spielt die Religion oft eine herausragende Rolle. Für die USA wurden einige historische Veränderungen in dieser Beziehung von Robert Bellah hervorgehoben, der von der Entstehung einer „Zivilreligion" sprach, die in der Lage ist, die moderne amerikanische Gesellschaft zu stützen und zu erhalten. Bellah (1970) wies unter anderem auf die Bezugnahme auf Gott bei den Amtseinführungen der Präsidenten und die Verwendung populärer Ausdrücke hin, die sich auf Gott berufen („one nation under God", „may God bless America", „in God we trust", usw.). In ähnlicher Weise betonte Talcott Parsons die fortschreitende Verallgemeinerung dieses religiösen Wertemusters im amerikanischen Gesellschaftssystem. Parsons glaubte an ständige Wechselwirkungen und Anpassungen zwischen kulturellen Idealen (Religion) und sozialen Systemen. In seinem Spätwerk zögerte er nicht, den modernen US-amerikanischen Nationalstaat als „eine nationale Gemeinschaft zu definieren, die, obwohl sie natürlich säkular regiert wird, dennoch ihren religiösen Charakter als heilige Gemeinschaft im übertragenen Sinne einer „Nation unter Gott" bewahrt" (1978, S. 203; siehe auch Parsons & Platt, 1973, S. 42).

Wie wertvoll diese Analysen auch sein mögen, es besteht keine Notwendigkeit, die den Formulierungen von Bellah und Parsons innewohnende Teleologie zu akzeptieren. Wir können solche Formulierungen vielmehr als Ausdruck der vorherrschenden Selbstdarstellung moderner Nationalstaaten interpretieren. Sie zeigen, wie moderne, säkulare Nationalstaaten sich auf die Religion stützen, um ihre eigene, nationale Identität zu konstruieren (Bellah, 1989; siehe auch Vanderstraeten, 2013). Aus dieser Perspektive können wir auch die Art und Weise analysieren, in der die Transformationen des Nationalstaats und seiner Repräsentationen mit spezifischen religiösen Veränderungen korrelieren.

Die spezifischen historischen Regelungen und die Beziehungen zwischen Kirche und Staat können je nach den beteiligten Kirchen und Staaten unterschiedlich sein. Die (nicht unumstrittene) Idee einer übergreifenden amerikanischen „Zivilreligion" kann als eine besondere Entwicklung oder ein besonderes Modell betrachtet werden. Ein anderes Modell ist das der ausdrücklich nationalen und „etablierten" reformierten protestantischen Kirchen in mehreren europäischen Ländern. In vielerlei Hinsicht ähneln die östlichen orthodoxen Kirchen stark diesem Modell (Kessareas, 2015, 2018). In den Teilen Europas, die katholisch geblieben sind, gibt es ähnliche Initiativen, die Formen eines nationalen Katholizismus propagieren, wie z. B. den „Gallikanismus" in Frankreich (siehe Gough, 1986). Aber man findet auch viel Widerstand gegen diese Initiativen, vor allem unter dem Namen „Ultramontanismus" – von *ultra montes*, was „über die Berge" (die Alpen) im Süden, wo Rom liegt, bedeutet. Die ultramontane Reaktion bekräftigte die Autorität des Papstes gegenüber den weltlichen Königreichen des übrigen Europas; sie unterstrich den absoluten Primat des Papstes und führte schließlich auch zur Festlegung des Dogmas der päpstlichen Unfehlbarkeit auf dem Ersten Vatikanischen Konzil 1870. Die katholischen Formen der Zugehörigkeit konnten im Widerspruch zu den Erwartungen stehen, die auf der Ebene des Nationalstaates formuliert wurden. Die katholische Orientierung an Rom konnte von nationalen Identitäten und nationalen Orientierungen abweichen. Im neunzehnten und zwanzigsten Jahrhundert fanden die meisten Konflikte zwischen Staat und Kirche in den römisch-katholischen Teilen Europas statt.

Der deutsche *Kulturkampf* ist vielleicht das berühmteste Beispiel für solche Konflikte (Sperber, 1984). Aber auch in der Geschichte Belgiens spielten solche staatlich-kirchlichen Beziehungen eine wichtige Rolle. Um 1830 konnte die Einheit Belgiens, wie wir gesehen haben, nicht (nur) auf der Grundlage der Sprache definiert werden. Trotz des gesellschaftlichen Ansehens des Französischen gab es in Belgien keine gemeinsame Sprache: In weiten Teilen des Landes wurden auch Varianten des Niederländischen und des Französischen verwendet. Außerdem war das Gebiet, in dem die niederländische Sprache verwurzelt war, Ende des 16. Jahrhunderts durch eine Grenze geteilt worden, die auch zwischen Katholiken und Protestanten (Calvinisten) unterschied. Nach dem Zusammenbruch des napoleonischen Frankreichs 1813–1815 wurden Teile dieses Gebiets unter Wilhelm I. wiedervereinigt. 1830 wurde die südliche, katholische Hälfte jedoch Teil des unabhängigen Königreichs Belgien. Trotz antiklerikaler und freimaurerischer Sympathien, vor allem unter den Mitgliedern der liberalen Eliten, konnte die Religion als Identitätsmerkmal, als symbolische Grenze, herangezogen werden. In den 1830er- und 1840er-Jahren definierte sich das neue Königreich oft ausdrücklich als katholischer Nationalstaat, der sich vom überwiegend protestantischen niederländischen Nationalstaat unterschied, in dem das Staatshaupt auch das Haupt der Nationalkirche war (Sengers, 2004; Lechner, 2012). In der zweiten Hälfte des 19. Jahrhunderts begannen jedoch die politisch-religiösen Konflikte den belgischen Staat und sein akademisches System stark zu prägen.

Interessanterweise zeigt die sozialstatistische Forschung indirekt, wie religiöse Divergenzen als Bedrohung für die Einheit des Königreichs angesehen wurden. Bei der ersten belgischen Volkszählung, die der *Homo Statisticus* Adolphe Quetelet 1846 durchführte, wurde eine Reihe von sozialen Parametern, darunter auch die Religionszugehörigkeit, erhoben. Dabei wurde festgestellt, dass fast die gesamte Bevölkerung (>99 %) dem Katholizismus angehörte. Bei keiner der folgenden, alle zehn Jahre stattfindenden Volkszählungen wurde jedoch erneut die Religionszugehörigkeit abgefragt. In der zweiten Hälfte des neunzehnten Jahrhunderts wurde die Aufnahme dieses Elements in den Volkszählungen zu umstritten. Anstatt zu versuchen, Varianten oder Grade der Religionszugehörigkeit zu messen, zogen es die belgischen Politiker und Statistiker vor, die Beziehung zwischen Nationalstaat und Religion nicht diskutieren zu müssen. Sie wagten es offensichtlich nicht, eine Selbstdarstellung des Nationalstaates auf der Grundlage der Religion vorzunehmen; sie wagten es nicht, die ideologische Vielfalt innerhalb Belgiens offenzulegen. Sie fürchteten die Folgen eines konfliktreichen Bildes der religiösen Zugehörigkeit. Nach langen Diskussionen und parlamentarischen Debatten verzichteten die belgischen Statistiker und Politiker schließlich auf dieses umstrittene Element (Louckx, 2017).[1] Indem sie dieses Element aus der Volkszählung

---

[1] Im nächsten Kapitel werden wir sehen, wie die Sprachfragen in der belgischen Volkszählung ebenfalls die Einheit des Staates bedrohten. Bis zur Mitte des zwanzigsten Jahr-

ausschlossen, hofften sie vielleicht, die Idee (oder Illusion) von wissenschaftlicher Präzision *und* nationaler Einheit aufrechterhalten zu können. In der zweiten Hälfte des 19. Jahrhunderts sollten sich jedoch bald wichtige politisch-religiöse oder ideologische Brüche zeigen.

Versäulung

Im Laufe der Jahre waren die ideologischen Spannungen und Spaltungen Gegenstand zahlreicher soziologischer Studien. Der niederländische Begriff „verzuiling" (Versäulung) wurde häufig verwendet, um die Forschung über die sozialen Folgen der politisch-religiösen Konflikte in Belgien, den Niederlanden und einigen anderen europäischen Ländern (wie Österreich und der Schweiz) zu leiten. Der Begriff drückt die Vorstellung aus, dass die Bevölkerung dieser kleinen europäischen Länder intern in Segmente oder Blöcke unterteilt ist, die unterschiedliche religiöse und ideologische Überzeugungen vertreten und die durch unzählige Organisationen, die *ausschließlich* den Mitgliedern ihrer eigenen Gemeinschaft dienen (wie politische Parteien, Gewerkschaften, Schulen, Krankenhäuser, Universitäten, Jugendorganisationen und Sportvereine), effektiv voneinander isoliert sind. Die verschiedenen Säulen werden somit als „Gemeinschaften in der Gesellschaft" definiert, die auf der Grundlage bestimmter Werteverpflichtungen und „exklusiver" Organisationsnetzwerke integriert sind.[2]

In der vorhandenen Literatur wird die Versäulung häufig als spezifische Antwort auf die allgemeineren Herausforderungen des „Modernisierungsprozesses" gesehen. Die sozialen Spannungen und Widersprüche, die sich aus diesem Prozess ergaben, führten zu Prozessen der Segmentierung und Versäulung (z. B. Hellemans, 1990, 2015). Dass diese Prozesse in einigen

---

hunderts wurden Sprachfragen in die Volkszählung aufgenommen. Als die Ergebnisse zu schweren sozialen und politischen Konflikten führten, wurden auch diese Fragen verboten.

[2] In der politischen Literatur spricht man auch von „Konsoziationsstaat". Ein Konsoziationsstaat wird definiert als ein Staat, der große interne Spaltungen entlang ethnischer, religiöser oder sprachlicher Linien aufweist, wobei keine der Spaltungen groß genug ist, um eine Mehrheitsgruppe zu bilden, der es aber dennoch schafft, aufgrund von Konsultationen zwischen den Eliten jeder seiner großen sozialen Gruppen stabil zu bleiben (die bahnbrechende Veröffentlichung für diese Forschungstradition ist Lijphart, 1977). Es wurde ein hohes Maß an Autonomie für jede soziale Gruppe oder jedes Segment erwartet – entweder in Form von territorialer Autonomie (Föderalismus) oder in Form von kultureller Selbstverwaltung (Versäulung). Für eine internationale soziologische Perspektive auf solche sozialen Spaltungen siehe die Arbeit von Rokkan (z. B. Rokkan, 1977).

europäischen Staaten stattfanden und in anderen nicht, wird auf die Heterogenität der jeweiligen Bevölkerung zurückgeführt. Der niederländische Soziologe Joop Ellemers (1930–2015), der nebenberuflich an der Freien Universität Brüssel lehrte, argumentierte beispielsweise, dass die Vielfalt der religiösen, sprachlichen und kulturellen Minderheiten auf dem Territorium von Staaten wie Belgien und den Niederlanden keine starke, zentral gelenkte, auf das „Gemeinwohl" ausgerichtete Politik (z. B. *à la* Frankreich) ermöglichte. „Aber gleichzeitig gab es keine klare Mehrheit, die die Minderheit oder die Minderheiten absorbieren konnte … Dies erforderte besondere institutionelle Regelungen, von denen *Verzuiling* nur eines der Beispiele ist" (Ellemers, 1984, S. 131).

In Belgien (wie auch in den Niederlanden) wurde die „Versäulung" vielleicht in erster Linie durch Konflikte über die Organisation des Schulwesens ausgelöst. In den ersten Jahrzehnten nach der Unabhängigkeit Belgiens spielte die Religion im Grundschulunterricht noch eine wichtige Rolle. Das erste Volksschulgesetz (1842) zählte Religion zu den Pflichtfächern; der Klerus hatte zudem das Recht, die kommunalen (d. h. öffentlichen) Schulen zu inspizieren. In der Mitte des neunzehnten Jahrhunderts setzte sich jedoch die Forderung nach einem weltanschaulich neutralen öffentlichen Schulwesen durch. Auch die liberalen Regierungen ergriffen Maßnahmen, um die so genannte Gedankenfreiheit im Volksschulwesen zu gewährleisten. Im Gegenzug betonten die Katholiken die verfassungsmäßige Freiheit der Bildung. Sie begannen dem Aufbau eines landesweiten Netzwerkes katholischer Schulen mehr Aufmerksamkeit zu widmen.

Bis etwa 1870 kann man kaum von einem systematischen Versuch sprechen, ein eigenes katholisches Schulsystem aufzubauen. Doch der Widerstand gegen die öffentlichen Schulen und die Regierungspolitik wuchs stetig, insbesondere nach 1879, als eine liberale Regierung eine neue Bildungsgesetzgebung einführte. Die katholische Elite reagierte scharf auf die als säkularisierend empfundenen Aspekte der Gesetzgebung. Diese Reaktion verwandelte den Schulkampf in eine Art Bürgerkrieg. Die Bischöfe gaben den Pfarrern detaillierte Anweisungen, wie sie einen Boykott der öffentlichen Schulen organisieren sollten. Mit Hilfe religiöser Sanktionen wurden Eltern gezwungen, ihre Kinder auf katholische Schulen zu schicken, und Lehrer gezwungen, von den öffentlichen Schulen zurückzutreten und zu den Privatschulen zu wechseln (siehe Lory, 1979; Vanderstraeten, 2002).

Ideologische Konflikte, wie der Schulkampf, gaben den Anstoß zum Aufbau einer katholischen Säule. Ab etwa 1880 werden in fast allen gesellschaftlichen Bereichen katholische Organisationen gegründet: Schulen, Banken und Versicherungen, Arbeiter- und Bauernverbände, Reisebüros, Jugendorganisationen, Frauengruppen, Zeitungen, politische Parteien, Krankenhäuser usw. Diese katholischen Organisationen waren „eng miteinander verbunden" oder *strictly coupled*, um es mit Karl Weicks Worten auszudrücken. Die katholischen Organisationen verwiesen ihre Kunden systematisch an andere katholische Organisationen. Diese organisatorische Kopplung schien in der Lage zu sein, eine lebenslange Einschließung innerhalb der katholischen Institutionen, innerhalb der katholischen Doktrinen zu gewährleisten. Der Klerus förderte die Kontrolle fast des gesamten katholischen Lebens in katholischen Einrichtungen. Zur Legitimation ihres breiten Spektrums an Aktionen und Reaktionen verwendete die katholische Elite häufig den lateinischen Ausdruck und das päpstliche Motto *Instaurare Omnia in Christo* (Alles in Christus wiederherstellen). Idealerweise sollte jedes Kirchenmitglied „von der Wiege bis zur Bahre" von der Kirche betreut werden.

Von 1884 bis 1914, also über einen Zeitraum von 30 Jahren, wurde die belgische Regierung von den Katholiken dominiert. In dieser Zeit wurden viele Gesetze erlassen, die die soziale oder öffentliche Rolle der Religion wiederherstellten und die den staatlich finanzierten Ausbau privater Einrichtungen wie Schulen oder Krankenhäuser vorsahen. Der Ausbau der katholischen Säule führte auch zur Entwicklung ähnlicher, isomorpher Strukturen, die um andere politisch einflussreiche Ideologien herum aufgebaut wurden, nämlich um liberale und sozialistische Netzwerke. Der Begriff der „Versäulung" wird entsprechend definiert. Er bezieht sich auf die Aufteilung der belgischen Bevölkerung auf der Grundlage relativ spezifischer ideologischer oder politisch-religiöser Verpflichtungen. Die Säulen bestehen aus sehr ähnlichen organisatorischen Netzwerken, aber konträren Ideologien.

Die universitären Einrichtungen in Belgien, insbesondere die Privatuniversitäten in Löwen und Brüssel, wurden in die Säulen integriert. Die katholische Universität Löwen sollte der katholischen Säule dienen, während von der Universität Brüssel erwartet wurde, dass sie die liberale und sozialistische, „freidenkerische" Säule unterstützt. Die Universität Brüssel hatte auch klare Verbindungen zu den Freimaurerkreisen in Belgiens Hauptstadt. Die staatlichen Universitäten in Gent und Lüttich sollten ideologisch „neutral" sein. Da jedoch das gesamte Lehrpersonal von der Regierung ernannt wurde, bestimmten ideologische und politische Zugehörigkeiten und Mitgliedschaften häufig den Werdegang der einzelnen

Akademiker. Die Expansion des Universitätssystems in Belgien war also eindeutig mit der Expansion der verschiedenen Säulen verbunden; die durch die Expansion des Universitätssystems geschaffenen Möglichkeitsstrukturen waren ebenfalls durch Prozesse der Versäulung gekennzeichnet. Das gegenseitige Misstrauen wurde institutionalisiert. Klare ideologische Zugehörigkeiten und Abgrenzungen bildeten den Rahmen, in dem sich in der zweiten Hälfte des 19. und während des größten Teils des 20. Jahrhunderts ein breites Spektrum wissenschaftlicher Disziplinen etablieren musste.

Für die Soziologie war, wie wir im nächsten Abschnitt dieses Kapitels näher sehen werden, lange Zeit die institutionelle und kognitive Unterscheidung zwischen der katholischen Universität Löwen und der „freidenkerischen" Universität Brüssel vorherrschend. Die politisch-religiösen Spaltungen begünstigten nicht nur die Entwicklung unterschiedlicher soziologischer Traditionen in Löwen und Brüssel; die Versäulung trägt auch dazu bei, zu erklären, warum sich in Belgien in dieser Zeit keine relativ stabile nationale Gemeinschaft von Soziologen entwickelte. Die verschiedenen Soziologien entwickelten sich hier weitgehend nebeneinander.

Wichtige Veränderungen in diesen Erwartungsstrukturen ergaben sich auch durch Prozesse der „Entsäulung". Die Anfänge der Entsäulung in Belgien werden häufig mit der „Löwenfrage" von 1968 in Verbindung gebracht. Wir werden die „Löwenfrage" auch im nächsten Kapitel ansprechen, da sie der Hauptauslöser für die Trennung der Flamen und Wallonen, der niederländisch und französisch sprechenden Gemeinschaften in Belgien war. Aber dieser Konflikt, der zur Gründung zweier einsprachiger katholischer Universitäten führte, eine in Leuven und eine in einer neuen Universitätsstadt in Wallonien, die den Namen Louvain-la-Neuve (Neues Löwen) erhielt, signalisierte gleichzeitig das Ausmaß der fortschreitenden Säkularisierungsprozesse. Sie signalisierte den schwindenden Einfluss der Kirche auf das Volk Gottes – wie auch die schwindende Autorität traditioneller Ideologien oder Metanarrativen im Allgemeinen in der „revolutionären" Ära um 1968. Eine große einsprachige Universität in Leuven wurde nicht nur zum Symbol für den Kampf der flämischen Bewegung. Die Revolte von 1968 richtete sich auch gegen die hierarchischen Strukturen der Kirche. Die wachsende Tendenz zum Antiautoritarismus vermischte sich mit dem Antiklerikalismus. Nach eigenem Bekunden wollte Leuven nun „keine klerikale, sondern eine katholische Universität" sein (Tollebeek & Nys, 2006, S. 37–39; Vos, 2008).

Die „Löwenfrage" führte zu einer größeren Distanz zwischen der Universität und den kirchlichen Behörden, die traditionell die „oberste Leitung" der Einrichtung stellten. 1968 wurde Pieter de Somer (1917–1985) als erster Laie zum Rektor der Katholischen Universität in Löwen ernannt. Seine Ernennung war von großer symbolischer Bedeutung. Bis dahin hatte eine lange Reihe von Klerikern an der Spitze der Katholischen Universität Löwen „gedient". Es war auch Tradition, dem *Rector magnificus* den Titel des Bischofs zu verleihen und damit eine enge Verbindung zwischen religiöser und wissenschaftlicher Wahrheitssuche zu zeigen. Außerdem wurde er von den belgischen Bischöfen auf Lebenszeit ernannt und nicht von den Mitgliedern der Universität gewählt. Der neue Laienrektor symbolisierte die wachsende Autonomie gegenüber den kirchlichen Autoritäten und ermöglichte eine sichtbarere Präsenz der Laien und *ihrer* Interessen in verschiedenen Studiengängen und Zentren der Universität, darunter auch in der Soziologie. Gleichzeitig zeigte und vertiefte die „Löwenfrage" die Spannungen innerhalb der katholischen Säule. Auch andere soziale „Kennzeichen" traten in Erscheinung.

In der zweiten Hälfte des zwanzigsten Jahrhunderts fielen die Säulen weitgehend auseinander. Die enge Kopplung wurde durch eine lose Kopplung ersetzt. In der katholischen Säule wurde der abnehmende Einfluss der Kirche deutlich sichtbar, was zu bemerkenswert unterschiedlichen Beteiligungsquoten in den verschiedenen Organisationen führte. Die zunehmende Einbeziehung von Laien ermöglichte auch mehr ideologische Toleranz und Pluralismus (Vanderstraeten, 1999, 2002). Wie wir sehen werden, eröffnete die Entsäulung der Soziologie und verschiedener anderer wissenschaftlicher Disziplinen neue Möglichkeiten. Im Hinblick auf die Soziologie in Belgien lassen sich relativ leicht drei Phasen ihrer Expansion und Institutionalisierung unterscheiden: die Zeit um 1900, 1960 und 2010. Vor allem in den ersten beiden Phasen strukturierte die (Ent-)Säkularisierung das Spektrum der verfügbaren Optionen oder Möglichkeiten. Obwohl die Entscheidungen, die von den Forschern getroffen wurden bzw. werden, natürlich von einer Reihe anderer Ressourcen und Interessen abhängen, können wir die historische Entwicklung der verschiedenen Soziologien in Belgien nicht verstehen, ohne diese ideologischen Brüche zu berücksichtigen.

VERSCHIEDENE SOZIOLOGIEN

Wie bereits angedeutet, lässt sich die frühe Rezeption der Soziologie in Belgien nicht auf eine einfache Opposition reduzieren: auf eine befürwortende Haltung in den liberalen und sozialistischen („freidenkerischen") Kreisen um die Universität Brüssel und eine ablehnende Haltung in den katholischen Netzwerken um die Universität von Louvain. Die Einstellung zur Soziologie war *in* Brüssel und *in* Löwen unterschiedlich ausgeprägt. Im Allgemeinen waren die positivistischen, „freidenkenden" Intellektuellen in Brüssel der Soziologie gegenüber aufgeschlossener. Bis Mitte des zwanzigsten Jahrhunderts hatte die Soziologie in den katholischen Netzwerken im Allgemeinen einen schlechten Ruf. Häufig wurde hier auch der Begriff „Sozialwissenschaft" bevorzugt, da der Neologismus „Soziologie" von Comte weithin mit Positivismus und Sozialismus assoziiert wurde.

In Brüssel waren Hector Denis und Guillaume De Greef zunächst die Hauptverfechter der Soziologie. Sie vertraten beide einen positivistischen und materialistischen Ansatz für sozioökonomische Strukturen und Phänomene.[3] Beide waren auch stark auf Frankreich ausgerichtet. Sie arbeiteten eng mit dem *Institut International de Sociologie* von René Worms und dessen Zeitschrift, der *Revue Internationale de Sociologie*, zusammen; Denis und De Greef wurden Vorstandsmitglieder des *Instituts* und gehörten dem Redaktionsteam der *Revue* an. Um Dozenten für die *Université Nouvelle* zu gewinnen, stützte sich De Greef ebenfalls stark auf das Netzwerk von Worms (für eine ausführliche Diskussion über den Internationalismus der Brüsseler Soziologie siehe Wils & Rasmussen, 2012).

Die dissidente *Université Nouvelle* in Brüssel selbst konnte die Entwicklung der Soziologie in Brüssel jedoch nur wenig strukturell unterstützen; auch diese Einrichtung überlebte den Ersten Weltkrieg nicht. Mehr Unterstützung kam vom *Institut des Sciences Sociales* und dem *Institut de Sociologie Solvay*. Beide Forschungsinstitute wurden gegründet und finanziert von Ernest Solvay, der in der industriellen Chemie ein persönliches Vermögen gemacht hatte. Im *Institut des Sciences Sociales* arbeitete

---

[3] Denis war auch politisch aktiv; er war fast zwei Jahrzehnte lang sozialistisches Mitglied des Parlaments. In seinen Schriften argumentierte er immer wieder gegen Adam Smiths Idee einer „unsichtbaren Hand". Soziologische Analysen seien notwendig, um staatliche Interventionen zu begründen, da nur der Staat in der Lage sei, Freiheit und Solidarität innerhalb des sozialen Organismus zu gewährleisten (z. B. Denis, 1919, S. 59; siehe auch Deferme, 2007, S. 180–186).

Solvay zunächst mit Denis und De Greef sowie mit Émile Vandervelde zusammen.[4] Die Zusammenarbeit zwischen dem liberalen Unternehmer und diesen Sozialisten/Soziologen hielt jedoch nicht lange an. Im Jahr 1901 übertrug Solvay die Leitung des neu gegründeten *Institut de Sociologie Solvay* dem „Sozialingenieur" Émile Waxweiler, der ihm ideologisch viel näher stand (Bertrams et al., 2013, S. 97–118; Seguin, 2014).

Solvay hatte weitreichende wissenschaftliche und soziale Ambitionen. Er gründete und finanzierte zwei weitere Forschungsinstitute in Brüssel: eines für Physiologie und Anatomie und eines für Physik und Chemie. Mit diesen Initiativen erlangte er auch beträchtliches internationales Ansehen: Zu den Teilnehmern der ersten (nur auf Einladung stattfindenden) Solvay-Konferenz über Physik in Brüssel im Jahr 1911 gehörten beispielsweise Wissenschaftler wie Hendrik Lorentz, Marie Skłodowska-Curie, Henri Poincaré, Max Planck und Albert Einstein. Solvay hoffte, eine ähnliche Rolle bei der Entwicklung der Soziologie spielen zu können. Das prestigeträchtige, etwas eklektische Jugendstilgebäude des neuen Instituts wurde auf einem Hügel im Brüsseler Leopoldpark in der Nähe von Solvays Institut für Physiologie und Anatomie errichtet. Das Gebäude und sein Standort sind Ausdruck der Bedeutung, die Solvay der Soziologie um die Jahrhundertwende beimaß; Soziologen und Naturwissenschaftler sollten gleichberechtigt behandelt werden. Trotz seiner Bemühungen erlangte das Brüsseler *Institut de Sociologie Solvay* jedoch nicht den Ruhm, den Solvay sich erhofft hatte.

Ein wichtiger Teil der Aktivitäten des Instituts war auf die Verbreitung von soziologischem Wissen ausgerichtet. Zu dieser Zeit strebte Belgien generell eine Schlüsselrolle bei der internationalen Verbreitung und Organisation des Weltwissens an und versuchte, aus dem Universalismus eine nationale Spezialisierung zu machen (Wils & Rasmussen, 2012, S. 1294). Ein Beispiel dafür ist die Arbeit der belgischen „Dokumentalisten" Paul Otlet und Henri La Fontaine, die ebenfalls von Solvay unterstützt wurde.[5]

---

[4] Vandervelde bekleidete später mehrere Ämter in der belgischen Regierung. Von 1900 bis 1918 war er Vorsitzender des Internationalen Sozialistischen Büros und von 1928 bis 1938 Präsident der Belgischen Arbeiterpartei. Seit 1946 trägt das Forschungsinstitut der belgischen (jetzt wallonischen) Arbeiterpartei den Namen *Institut Émile Vandervelde*.

[5] Unter anderem gründeten Otlet und La Fontaine 1893 das *Office International de Bibliographie Sociologique* in Brüssel. Im Jahr 1910 gründeten sie das Mundaneum, um das gesamte Wissen der Welt zu sammeln und nach einem von ihnen entwickelten System zu klassifizieren. Otlet und La Fontaine waren auch Friedensaktivisten, die glaubten, dass das Wissen zur Festigung einer neuen Weltordnung beitragen könnte. La Fontaine erhielt 1913

In ähnlichem Sinne gründete das Institut eine bibliografische Zeitschrift mit dem Titel *Intermédiaire Sociologique*, die auf die weltweite Verbreitung soziologischen Wissens abzielte. Diese Zeitschrift sollte auch als „soziologischer Vermittler" fungieren, der die an der Soziologie interessierten Forscher zusammenbringen konnte. Die Mitglieder und Mitarbeiter des Instituts wurden immer wieder in Veröffentlichungen des Instituts aufgeführt. Kurz vor Ausbruch des Ersten Weltkriegs umfasste die Liste so unterschiedliche (und bekannte) Personen wie John Dewey, Alfred L. Kroeber, Karl Lamprecht, Bronislaw Malinowski, Vilfredo Pareto, George Sarton, Joseph Schumpeter, Edward L. Thorndike, Arnold Van Gennep und René Worms. Andererseits wurden Durkheim und bekannte Durkheimianer nicht als Mitarbeiter aufgeführt. Der „individualistische" und „energetische" Ansatz, den das *Institut* verfolgte, unterschied sich in der Tat stark von Durkheims Ansatz, demzufolge soziale Tatsachen und kollektive Repräsentationen grundlegende Kategorien für die Soziologie darstellten.[6]

Waxweilers Forschungsprogramm für das *Institut de Sociologie* wurde in seiner *Esquisse d'une Sociologie* (Skizze einer Soziologie) vorgestellt. Waxweiler definierte hier die Soziologie als „Sozialethologie", ein Konzept, das er von dem französischen Biologen Alfred Giard übernommen hatte. So wie Biologen die Anpassung von Organismen an ihre Umwelt untersuchen, mussten Soziologen untersuchen, wie sich Individuen an ihre spezifische Umwelt und aneinander anpassen. Soziologen müssten sich „an das Individuum klammern"; sie müssten sich auf die Entwicklung der „sozialen Energie" des Individuums konzentrieren (Waxweiler, 1906, S. 17–40). Waxweiler plädierte auch für eine vergleichende Soziologie, die sich mit Anpassungsprozessen bei verschiedenen Spezies, nämlich Tieren und Menschen (definiert als „rationale Tiere"), befasste. Insgesamt plädierte er immer wieder dafür, dass die Soziologie Unterstützung aus der Biologie und der Psychologie benötigte (Crombois, 1998; De Bont, 2008).[7]

---

den Friedensnobelpreis. Heute betrachtet Google die Arbeit von Otlet und La Fontaine als Vorläufer der heutigen elektronischen Suchmaschinen, wie Google selbst.

[6] Waxweiler hat sich nicht auf eine Diskussion mit Durkheim eingelassen. Wie betont von Pierre de Bie (1986, S. 194), ist Waxweilers Soziologie durch „une superbe ignorance" gegenüber Durkheims Werk gekennzeichnet.

[7] Der Darwinismus und die Biologie inspirierten zu dieser Zeit weitere Soziologen. In Belgien hatte Jules Dallemagne in seinen *Principes de Sociologie* eine starke Version der Biosoziologie vorgelegt. Für ihn musste die Soziologie die Art und Weise untersuchen, in der

Waxweilers Ansatz war dem von Ernest Solvay sehr ähnlich. Für Solvay musste das Institut als unabhängiges Laboratorium für soziologische Forschung fungieren. Er versuchte, das Institut als einen Ort zu etablieren, an dem sich die Forscher von ideologischen Kontroversen und politischen Auseinandersetzungen abschirmen konnten. Gleichzeitig betonte Solvay aber auch, dass der Schwerpunkt des Instituts nicht nur auf der „reinen" wissenschaftlichen Arbeit liegen dürfe. Es müsse sich auch, wenn nicht gar überwiegend, auf die „Anwendung wissenschaftlicher Forschungsmethoden auf aktuelle gesellschaftliche und wirtschaftliche Probleme" konzentrieren. Solvay unterschied zwischen zwei Zielen, nämlich „einem theoretischen Teil: das Verständnis der soziologischen Materie von einem energetischen Standpunkt aus und einem praktischen Teil: die Durchführung von Sozialreformen von einem produktivistischen Standpunkt aus".[8]

Das Institut vergab Stipendien an Forscher, die bereit waren, Themen zu erforschen, die zu den Interessen von Waxweiler und Solvay passten. Infolgedessen arbeiteten verschiedene (Gruppen von) Personen an verschiedenen, relativ lose miteinander verbundenen Themen (Popelin, 1986, S. 59–67; Crombois, 1995). Generell wurden die Vorteile und Probleme der vergleichenden Forschung – der Vergleich von Kulturen über verschiedene Zeiträume und/oder Orte hinweg – innerhalb des Instituts häufig diskutiert. In diesem Zusammenhang wurde das koloniale Projekt Belgiens in Afrika aktiv, wenn auch nicht unkritisch, unterstützt.[9] Im Jahr

---

Tiere andere Tiere benutzen, um ihr eigenes Überleben und das ihrer Art zu sichern. In seinen Worten: „La sociologie est donc ... l'ensemble des modes selon lesquels l'animal utilise l'animal pour maintenir la conservation de son individu et celle de l'espèce" (Dallemagne, 1886, S. 50). Man kann natürlich auch an die von René Worms propagierte „biologische Soziologie" denken.

[8] Die Zitate stammen aus der programmatischen Erklärung in der ersten Ausgabe der *Revue de l'Institut de Sociologie*, der offiziellen Zeitschrift des *Instituts Solvay*, die nach dem Ersten Weltkrieg zu erscheinen begann. Diese Erklärung lautet wie folgt: „Dans la pensée de son fondateur, l'Institut de Sociologie devait non seulement contribuer au progrès des sciences sociales, mais encore encourager et organiser l'application des méthodes d'investigation et d'enseignement de la science moderne aux problèmes économiques et sociaux qui dominent les préoccupations contemporaines. Pour assurer la réalisation de ses intentions, M. E. Solvay fixa lui-même, sans exclure les travaux scientifiques d'inspiration différente, un plan d'orientation sociologique comportant une partie théorique: l'appréhension de la matière sociologique du point de vue énergétique, et une partie pratique: la conduite de la réforme sociale du point de vue productiviste" (1920, S. 5–6).

[9] Zu Beginn des zwanzigsten Jahrhunderts war der Freistaat Kongo eine persönliche Kolonie des belgischen Königs Leopold II. Das System der wirtschaftlichen Ausbeutung führte

1910 wurde eine Studiengruppe über die Perfektionierbarkeit des „primitiven Geistes" im Kongo gegründet. Émile Vandervelde, der bereits in der Kampagne gegen das Reich Leopolds II. (Freistaat Kongo) eine wichtige Rolle gespielt hatte, wurde eines der aktivsten Mitglieder dieser Gruppe. Außerdem wurden mehrere Expeditionen organisiert, die sich mit ethnografischen und kolonialen Fragen befassten, wie z. B. mit der Entwicklung einer „Kolonialdoktrin" für die belgische Regierung.

Waxweilers ethologischer Ansatz wird in den Diskussionen dieser Forschungsgruppe deutlich. Man ging davon aus, dass die „Neger" an ihre Umwelt angepasst waren; ein „primitiver Kopf" reichte aus, wenn keine anspruchsvolleren Anforderungen, keine Anforderungen der modernen Zivilisation, gestellt wurden. Da man jedoch davon ausging, dass sich alle menschlichen Organismen an ihre Umwelt anpassen können, wurde auch argumentiert, dass ein europäisches Zivilisationsprojekt in Belgisch-Kongo in Angriff genommen werden könnte, vorausgesetzt, es würden angemessene wissenschaftliche Kenntnisse über die lokalen Gegebenheiten gesammelt, in denen diese Eingeborenen lebten. Durch die schrittweise Veränderung dieser lokalen Gegebenheiten oder Umgebungen durch Eingriffe des „Social Engineering" würden sich die primitiven Köpfe in der Folge an die menschliche Zivilisation anpassen können. Der Pessimismus hinsichtlich der Perfektionierbarkeit und der Anpassungsfähigkeit der Neger an die europäische Zivilisation hatte jedoch auch in dieser Forschungsgruppe des Instituts seinen Platz. In Waxweilers eigenen Worten: „Es geht darum, langsam und allmählich eine Reihe von künstlichen Krisen in den primitiven Umgebungen herbeizuführen, um bestimmte vorgesehene und beabsichtigte Ergebnisse zu erzielen" (zitiert in Poncelet, 2008, S. 165).[10]

Das internationale Echo auf die Schriften von Waxweiler und Solvay war gemischt. Waxweilers *Esquisse d'une sociologie* erhielt einige positive

---

jedoch zu einem starken diplomatischen Druck auf den belgischen Staat, die offizielle Kontrolle über das Land zu übernehmen. Dies geschah schließlich 1908 und schuf den Belgisch-Kongo. In seinen frühen „journalistischen" Schriften war Robert E. Park einer der ersten, der Leopolds Plünderungen im Kongo-Freistaat angriff (siehe Lyman, 1992). Obwohl Park sich gelegentlich auf Vandervelde bezog, konnten wir keine systematischen Verbindungen zwischen der Arbeit des *Instituts* und der späteren Chicagoer Soziologie finden.

[10] „Il s'agit d'élaborer lentement et progressivement une série de crises artificielles dans les milieux primitifs, pour aboutir à certains résultats prévus et préparés". Dieser Überblick über die frühe Geschichte der Kolonialwissenschaft basiert hauptsächlich auf Wils und Rasmussen (2012, S. 1289) und Poncelet (2008, S. 155–166).

Reaktionen, darunter eine zustimmende Rezension des Ökonomen und Soziologen Joseph Schumpeter (1907). Typischer waren jedoch Reaktionen, die den Wert seines Ansatzes in Frage stellten. In einer Buchbesprechung im *American Journal of Sociology* schrieb Albion Small zum Beispiel: „Der Autor [Waxweiler] irrt in seiner Einschätzung, dass es in der Soziologie keine Fortschritte gegeben hat und dass es ein außergewöhnlicher Dienst an der Wissenschaft ist, wenn er zu ihrer Rettung kommt. In den letzten zwölf Jahren sind so viele unterschiedliche Beiträge zur Soziologie geleistet worden, dass kein einzelner Geist ihre gesamte Bedeutung angemessen erfassen kann. Das ändert aber nichts an der Tatsache, dass die Wissenschaft noch in den Kinderschuhen steckt. Der Ton des Vorworts von Professor Waxweiler ist jedoch unnötig herablassend gegenüber den Gelehrten, die zum Fortschritt der Soziologie beigetragen haben. Das Fehlen einer vorsichtigen Einschätzung der Arbeiten anderer Wissenschaftler lässt den Verdacht aufkommen, dass der Verfasser mit der Literatur seines Faches nur wenig vertraut ist" (1906, S. 424).[11] Zu Beginn des zwanzigsten Jahrhunderts wurden ganz ähnliche Bemerkungen über Solvays Ansichten zum „Produktivismus" und zur „Energetik" gemacht (Solvay, 1900). Max Weber beispielsweise betrachtete die „dilettantischen Bemühungen" Solvays und seines Instituts um die Soziologie als völlig sinnlos und kaum mehr als eine Parodie echter wissenschaftlicher Arbeit (Weber, 1924, S. 253–255; siehe auch Rabinbach, 1992, S. 194).

Waxweiler blieb bis zum Beginn des Ersten Weltkriegs, als alle belgischen Universitäten geschlossen wurden, Direktor des Instituts. Im Juni 1916 starb er unerwartet an den Folgen eines Verkehrsunfalls in London. Als das Institut nach dem Ersten Weltkrieg wiedereröffnet wurde, nahm Solvay wieder eine aktivere Rolle auf. Er regte Forschungen zu „dringenden" gesellschaftlichen Fragen an, wie dem Wiederaufbau der Nation nach dem Ersten Weltkrieg und dem Problem der hohen Inflation (Piette, 1994). Doch weder für seine politischen noch für seine soziologischen Ansichten konnte Solvay in dieser Zeit viel Unterstützung finden.

Die Organisation des Instituts stand auch im Widerspruch zu den vorherrschenden akademischen Strömungen, die auf Disziplinbildung und

---

[11] Für einen ausführlicheren Überblick über Waxweilers Arbeit am Solvay-Institut für Soziologie siehe die Analysen in Frost (1959), de Bie (1974), Van Langenhove (1978), Popelin (1986), Crombois (1994, S. 23–44); Wils (2005, 2011) und De Bont (2008, S. 371–398). Man kann jedoch mit Fug und Recht behaupten, dass die Beiträge von Waxweiler heute in der internationalen soziologischen Gemeinschaft weitgehend vergessen sind.

Disziplinkonsolidierung drängten (Stichweh, 1994; Abbott, 1999; Graff, 2015). Innerhalb des Instituts konnten der wenig überzeugende konzeptionelle Rahmen und die divergierenden Aktivitäten innerhalb der verschiedenen thematischen Gruppen nur zu zentrifugalen Tendenzen beitragen. Da viele Forscher, die in einer der thematischen Gruppen tätig waren, auch andere Disziplinen, wie Ökonomie, Psychologie und Pädagogik („Pädologie"), vertraten, identifizierten sie sich oft nicht mit der Soziologie und gaben sich nicht viel Mühe, ihre Themen aus soziologischer Perspektive zu diskutieren. Trotz ihres eigenen Namens (*Institut de Sociologie*) war und blieb ihre Arbeit durch eine eklektische Ausrichtung gekennzeichnet. Dieser Eklektizismus trug auch zu seiner disziplinären Marginalisierung und Isolierung bei. Obwohl das Institut den Tod seines Gründers und Förderers überlebte, gelang es ihm nicht, eine dauerhafte Schlüsselrolle bei der Verbreitung soziologischen Wissens und der Förderung soziologischer Forschung zu spielen.

In Löwen wurden in der Zeit um 1900 ganz andere Entscheidungen getroffen. In Löwen herrschte lange Zeit eine defensive Haltung gegenüber der Soziologie vor. Wenn man der Soziologie Aufmerksamkeit schenkte, dann oft mit dem Ziel, auf ihre Mängel hinzuweisen. Für die Katholiken war die Soziologie zu ausschließlich auf beobachtbare Fakten ausgerichtet. Der von der Soziologie bevorzugte positivistische Ansatz konnte weder die letzten Fragen beantworten noch Leitlinien für ein moralisch verantwortliches Handeln bieten. Die neue Disziplin müsse sich ihrer eigenen Grenzen bewusst sein und die Überlegenheit der religiösen Wahrheiten respektieren. Mit den neueren Worten des Soziologen Pierre de Bie: „Die Soziologie verströmte [damals] einen Geruch des Unglaubens" (1994, S. 108).[12]

Wie in Kap. 1 erwähnt, fand die Soziologie an der Schule für Politik- und Sozialwissenschaften in Löwen kaum Beachtung. Am Höheren Institut für Philosophie wurden dagegen gemischte Reaktionen geäußert. Das 1889 gegründete Höhere Institut für Philosophie stand unter dem Vorsitz des späteren Kardinals Désiré Mercier (1851–1926) und widmete sich ausdrücklich der Entwicklung einer neuthomistischen oder neuscholastischen Philosophie. Zuweilen wurde hier eine instrumentelle Aneignung der Soziologie für möglich gehalten. Wenn sie von Katholiken praktiziert würde, so argumentierten einige Mitglieder, könnte die Soziologie dazu beitragen, eine neuthomistische Soziallehre zu formulieren, die

---

[12] „La sociologie répandait une odeur d'incroyance".

den Leitlinien der Enzyklika *Rerum novarum* (Vom revolutionären Wandel) von Papst Leo XIII. aus dem Jahr 1891 spezifizieren könnte. Sie könnte sogar einem Sozialreformismus auf der Grundlage der katholischen, neuthomistischen Lehren unterstützen. Aber natürlich mussten sich die Sozialwissenschaften ihrer eigenen Grenzen bewusst sein und die Überlegenheit der religiösen Wahrheiten respektieren (siehe Gerard & Wils, 1999).

Die prominenteste, aber recht negative Reaktion kam von einem Mitarbeiter Merciers, Simon Deploige (1868–1927). Deploige, ein Priester, vertrat die Ansicht, dass die Soziologie mit der Achtung vor der bestehenden sozialen Ordnung und der letztendlichen Zweckmäßigkeit der Realität vereinbar sei. Aber er griff auch Durkheims positivistische Darstellung der Moral heftig an, der zufolge Moral in Bezug auf die Gruppenidentität und das kollektive Bewusstsein diskutiert werden muss. Deploige verteidigte die universelle Gültigkeit moralischer Normen und Wahrheiten sowie der *scientia moralis* des heiligen Thomas (Deploige, 1912). Seiner Ansicht nach war Durkheims Versuch, eine Moral auf der Grundlage einer empirischen oder positivistischen, soziologischen Untersuchung primitiver und moderner Gesellschaften zu entwickeln, zum Scheitern verurteilt, weil er Gott als Grundlage der Moral leugnete. Er fügte hinzu, dass die allgemeine Atmosphäre des moralischen Verfalls, die nach Meinung vieler Katholiken typisch für die „moderne" Epoche sei, ein Beweis für das Scheitern einer soziologischen Auffassung von Moral sei. In einem Versuch, die katholischen Lehren zu stützen, stellte Deploige außerdem die Originalität von Durkheims Analyse in Frage. Er warf Durkheim vor, den größten Teil seines Denkens von deutschen Philosophen des neunzehnten Jahrhunderts übernommen zu haben. Durkheim reagierte mit einem Brief auf diesen Vorwurf (die Briefe sind abgedruckt in Deploige, 1912, S. 393–394, 401–403). Durkheim veröffentlichte später auch eine kurze Reaktion in der *Année Sociologique*, in der er Deploiges Buch als böswilliges Pamphlet der katholischen Apologetik abtat. „Ce livre est un pamphlet apologétique: il s'agit de discréditer nos idées, par tous les moyens possibles, pour la plus grande gloire de la doctrine de saint Thomas" (E.D. [Émile Durkheim], 1912, S. 326).[13]

---

[13] „Dieses Buch ist ein apologetisches Pamphlet. Sein Ziel ist es, unsere Ideen mit allen möglichen Mitteln zu diskreditieren, um die Lehre des heiligen Thomas zu verherrlichen". Die Kontroverse Deploige-Durkheim wird in einer Reihe von neueren Veröffentlichungen diskutiert. Siehe z. B. Lukes (1973, S. 92–93); Firsching (1995); Gerard und Wils (1999,

Die Belgische Gesellschaft für Soziologie (*Société Belge de Sociologie*) vertrat eine positive Haltung gegenüber der Soziologie. Einige ihrer Schlüsselfiguren, wie Cyrille Van Overbergh und Camille Jacquart, arbeiteten zu dieser Zeit als Gastdozenten am Höheren Institut für Philosophie in Löwen. In ihrer Gründungssatzung definierte die *Société* ihr Ziel in wohlwollender und sympathischer Weise als Zusammenschluss katholischer Intellektueller zur Auseinandersetzung mit der modernen Soziologie (Jacquart, 1900–1901; siehe auch Gérin, 1991). Das von Comte vorgeschlagene Modell einer positivistischen, empirischen Soziologie diente als Bezugspunkt. Die wichtigste Inspirationsquelle für die praktische Ausgestaltung ihrer Aktivitäten und Publikationen war jedoch wahrscheinlich die Schule von Durkheim (Wils, 2001; Wijns, 2003, S. 4–22).

Das Bulletin der *Société*, *Le Mouvement Sociologique*, erschien ursprünglich als Anhang zur *Revue Néo-Scolastique*, der offiziellen Zeitschrift des Philosophischen Instituts Löwen. Dieses bibliografische Bulletin, das sich ausdrücklich an Durkheims *L'Année Sociologique* anlehnte, enthielt vor allem Rezensionen von Publikationen, die sich mit der Soziologie befassten oder für sie relevant waren. Doch sowohl die *Société* als auch ihr *Bulletin* waren kurzlebige Initiativen. Die Zusammenarbeit mit der *Revue Néo-Scolastique* endete 1906, als Mercier (der inzwischen belgischer Erzbischof geworden war) von Deploige als Vorsitzender des Höheren Instituts für Philosophie abgelöst wurde. Einige Jahre lang (1907–1910) erschien die Zeitschrift unter dem Titel *Le Mouvement Sociologique International*. Im Jahr 1913 wurde ein neuer Anlauf unternommen, als einige neue Ausgaben unter dem ursprünglichen Titel *Le Mouvement Sociologique* erschienen. Doch der bevorstehende Erste Weltkrieg ließ eine Wiederbelebung der katholischen Vereinigung und ihres Bulletins nicht zu. Ihre Leitfiguren hatten zu diesem Zeitpunkt auch begonnen, andere, nämlich politische, Karrieren zu verfolgen (Van Overbergh zum Beispiel wurde für insgesamt mehr als drei Jahrzehnte Mitglied des belgischen Parlaments).

In Löwen erhielt die *Société* keine große Unterstützung. In Belgien wurden einige Kontakte mit dem *Institut de Sociologie Solvay* geknüpft. In einer von Van Overbergh herausgegebenen Übersicht über die „wissenschaftliche Bewegung" in Belgien wurde die Organisation der soziologischen Forschung in Brüssel und Löwen dokumentiert. Waxweiler

S. 41–42); Thompson (2002, S. 38–41); Wijns (2003, S. 38–42). Kontroversen ziehen in der Regel viel Aufmerksamkeit auf sich!

stellte sein *Institut* vor, während Van Overbergh und Jacquart über ihre *Société* schrieben. Van Overbergh äußerte auch die Hoffnung, dass sie gemeinsam eine führende Rolle in der internationalen Entwicklung der soziologischen Forschung einnehmen könnten; er forderte eine belgische „Académie de Sociologie", in der die verschiedenen „Bewegungen" vertreten sein sollten (Van Overbergh, 1908, S. 281).[14] In einem Interview, das Pierre de Bie 1945 rückblickend mit ihm führte, hob Van Overbergh jedoch vor allem die soziologischen Verdienste der *Société* in Louvain hervor. Die *Société* war seiner Meinung nach der einzige Ort in Belgien, an dem Soziologie wirklich praktiziert wurde. Mit seinen Worten: „Was Solvay und Waxweiler taten, war keine echte Soziologie. Waxweiler war Ökonom, er hat immer mit Ökonomen zusammengearbeitet. Er hat in diesem Bereich gute Arbeit geleistet, aber es war keine Soziologie. Die Kontakte, die ich mit ihm hatte, waren ausgezeichnet. Wir haben uns gegenseitig für unsere Bemühungen gelobt. Aber wir [in Löwen] haben echte Soziologie betrieben. Wir studierten Comte, Spencer, Durkheim ... Wir wollten zeigen, dass Katholiken Soziologie betreiben konnten, dass sie nicht durch ihre Religion daran gehindert wurden" (De Bie, 1986, S. 210).[15]

An der Katholischen Universität Löwen wurde die Soziologie erst viel später institutionell gefördert. Bereits in der Zwischenkriegszeit verlangte der Ausbau der katholischen Säule jedoch nach mehr Kenntnisse über die zu regierenden sozialen Bereichen und die zu behandelnden sozialen „Probleme". Außerdem wurden „gut ausgebildete" Fachleute benötigt, die in der Lage waren, die vielen neuen katholischen Organisationen zu

---

[14] Die Beiträge von Waxweiler bzw. Van Overbergh und Jacquart erschienen zuerst in *Le Mouvement Scientifique en Belgique, 1830-1905*, das 1907-1908 unter der Redaktion von Van Overbergh herausgegeben wurde; sie wurden in der Dezemberausgabe 1908 von *Le Mouvement Sociologique International* erneut abgedruckt. Auf internationaler Ebene unterhielt die *Société* regelmäßige Kontakte zu Worms und seiner Zeitschrift, der *Revue Internationale de Sociologie* (Deschamps, 1901, S. 189-190).

[15] Der Originalauszug aus dem Gespräch zwischen Van Overbergh und De Bie lautet wie folgt: „ce que faisaient Solvay et Waxweiler n'était pas de la véritable sociologie. Waxweiler était économiste; il a toujours travaillé avec les économistes. Il a fait de bonnes choses dans ce domaine, mais il ne faisait pas de la sociologie. Les rapports que j'entretenais avec lui étaient excellents. Nous applaudissions mutuellement nos efforts. Mais nous, nous faisions de la véritable sociologie. Nous étudions Comte, Spencer, Durkheim. Nous autres, nous faisions de la vraie sociologie, ... Nous voulions montrer que les catholiques peuvent faire de la sociologie, qu'ils ne sont pas tenus par leur religion" (de Bie, 1986, S. 210). Ähnliche Ansichten wurden bereits zu Beginn des zwanzigsten Jahrhunderts innerhalb der *Société Belge de Sociologie* geäußert (siehe Deschamps, 1902).

leiten. Innerhalb der katholischen Säule wurde ein erneutes Interesse an der katholischen Soziallehre auch durch das Erscheinen der Enzyklika *Quadragesimo Anno* ausgelöst, die 1931 von Papst Pius XI. herausgegeben wurde, genau 40 Jahre nach der Enzyklika *Rerum Novarum* von Leo XIII. In diesem Sinne wurde der Druck zugunsten der Einführung der Soziologie in Löwen nach und nach aufgebaut. Der katholische Soziologe Victor Leemans (1901–1971), der Anfang der 1930er-Jahre in Paris eine Dissertation über Ferdinand Tönnies und die deutsche Soziologie verfasst hatte, stellte 1938 bitter fest, dass „die Schule für Politik- und Sozialwissenschaften an der Universität Löwen wenig mit Soziologie zu tun hat: Sie ist eher juristisch, wirtschaftlich und sozial-praktisch ausgerichtet" (Leemans, 1938, S. 45; vgl. Gerard, 1992, S. 52).

In den 1930er-Jahren entwickelte sich jedoch auch die katholische Soziologie in eine Richtung, die sie zeitweise in die Nähe des deutschen Faschismus brachte. Nach der Weltwirtschaftskrise von 1929 hatten antiliberale Ideen und Stimmungen in der Öffentlichkeit breite Unterstützung gefunden. In der Öffentlichkeit fanden Modelle, die sich auf Kollektive und die soziale Rolle des Staates konzentrierten, großen Anklang.[16] In diesem Umfeld machten sich die Katholiken die Idee der Volksgemeinschaft zu eigen; sie sahen die Volksgemeinschaft als Ausdruck des sozialen „Kerns" einer Nation, die nicht nur auf die Summe ihrer Individuen reduziert werden konnte (z. B. Leclercq, 1938; siehe Gerard, 1992, S. 43–71; Gerard & Wils, 1999, S. 48). Im flämischen Teil Belgiens wurde der bereits erwähnte katholische Soziologe Victor Leemans zu einem der Hauptverfechter der so genannten konservativen Revolution, der *Revolution von Rechts*. Er trug viel zur Verbreitung der Ideen konservativer deutscher Autoren bei (für die die Volksgemeinschaft die Angehörigen der arischen Rasse vereinte); außerdem war er vor und während des Zweiten Weltkriegs eng mit flämischen faschistischen Organisationen verbunden.[17]

Nach dem deutschen Einmarsch in Belgien im Jahr 1940 bezog die katholische Kirche zunächst kaum Stellung gegen Nazi-Deutschland. Man glaubte allgemein, dass Deutschland den Krieg gewinnen und das Zentrum eines neuen Europas werden würde. Die Universität Löwen

---

[16] J. M. Keynes zum Beispiel veröffentlichte 1926 *The End of Laissez-Faire*.

[17] Während der deutschen Besetzung Belgiens und damit unter deutscher Herrschaft wurde Victor Leemans Generalsekretär für wirtschaftliche Angelegenheiten. Dafür wurde er nach dem Krieg angeklagt. Er wurde jedoch 1947 von der Anklage der Kollaboration freigesprochen und konnte daraufhin eine politische Karriere einschlagen. Dies tat er mit großem Erfolg: Leemans war von 1965 bis 1966 Präsident des Europäischen Parlaments.

wurde bald wieder eröffnet (während des Ersten Weltkriegs hatten dagegen alle belgischen Universitäten ihre Tätigkeit als Ausdruck des Widerstands eingestellt, obwohl 1916 im Rahmen der deutschen Flamenpolitik eine flämische Universität in Gent eröffnet wurde). 1941 veröffentlichte ein „Internationaler Rat für soziale Probleme" unter dem Vorsitz des belgischen Kardinals J.E. Van Roey einen Sammelband von römisch-katholischen „Soziologen" des 19. Jahrhunderts, die sich mit Korporatismus, Volksgemeinschaft und verwandten Ideen beschäftigt hatten (De Corporatieve Gedachte, 1941). Im Laufe des Krieges wurden in Löwen jedoch die Zweifel an der Zukunft des (katholischen) Belgiens und Europas immer deutlicher. Der *Rector magnificus* der Universität, Honoré van Waeyenbergh, wurde 1943 sogar von Nazi-Deutschland inhaftiert, weil er sich gegen die nationalsozialistische Politik der Zwangsarbeit für seine Studenten wehrte. Obwohl die Katholische Universität Löwen den Betrieb während des gesamten Krieges aufrechterhielt, wurden die Beziehungen zu Nazi-Deutschland sehr angespannt und belastet (Gerard, 1992).

Obwohl kurz vor und während des Zweiten Weltkriegs immer wieder über die Aufnahme der Soziologie in die Lehrpläne der Universitäten diskutiert wurde, sorgte die Katholische Universität Löwen erst nach dem Krieg für eine institutionelle Förderung der Entwicklung der Soziologie. Der Moralphilosoph und Priester Jacques Leclercq (1891–1971) spielte bei diesem Übergang eine Schlüsselrolle. Leclercq war 1938 nach Löwen berufen worden. Von 1950 bis 1955 war er der erste Nicht-Jurist, der den Vorsitz der Schule für Politik- und Sozialwissenschaften innehatte. In dieser Zeit definierte sich die Fakultät neu und erfand sich neu. Statt das Recht und die juristische Organisation der Nationalstaat in den Vordergrund zu stellen, wurde die positivistische oder empirische soziologische Forschung stärker in den Vordergrund gerückt. 1955, also mehr als ein halbes Jahrhundert nach dem *Institut de Sociologie Solvay* in Brüssel, gründete Leclercq im Rahmen der Schule für Politik- und Sozialwissenschaften das zweite soziologische Forschungsinstitut in Belgien. Es hieß zunächst *Centre d'Études Sociales*, änderte aber später seinen Namen in *Centre de Recherches Sociologiques* (Dumon, 1981, S. 178–179; Gerard, 1992, S. 72–82). Leclercq leitete dieses neue Forschungszentrum bis zu seiner Emeritierung im Jahr 1961.

In den Jahrzehnten nach dem Zweiten Weltkrieg profitierte die Soziologie von der Expansion des Universitätssystems in ganz Belgien. In Brüssel überlebte, wie bereits erwähnt, das *Institut de Sociologie Solvay* den Tod seines Gründers und Hauptförderers. Nach Solvays Tod im Jahr 1922 wurde zunächst versucht, sein *Institut* dem Völkerbund zu vermachen. Nachdem der Völkerbund das Vermächtnis jedoch abgelehnt hatte, wurde das Institut in die Universität Brüssel integriert (Popelin, 1986; Crombois, 1994, S. 119). Auch in Brüssel setzte nach dem Zweiten Weltkrieg eine zweite Phase der Expansion und Institutionalisierung ein.[18] Sowohl in Brüssel als auch in Löwen wurde 1963 mit der Einrichtung eines Masterstudiengangs in Soziologie begonnen. Zu diesem Zeitpunkt fingen die Sprachkonflikte innerhalb Belgiens jedoch allmählich an, überhand zu nehmen. Die „Löwenfrage" führte 1968 zur Gründung von zwei autonomen katholischen Universitäten, einer flämischen in Löwen und einer französischsprachigen in Louvain-la-Neuve. In der zweiten Hälfte des zwanzigsten Jahrhunderts wurde die Religion in Belgien gewiss nicht unwichtig. Der Glaube an und die Sorge um die besondere Identität der Soziologie in Löwen und Brüssel hat bis in die letzten Jahre überlebt. Es ist jedoch sinnvoller, die zweite Phase der Expansion der Soziologie im Zusammenhang mit soziolinguistischen und Regionalisierungsprozessen und die aktuelle, dritte Phase im Zusammenhang mit der Verschärfung des Publikationsdrucks zu analysieren.

1967 verließ das *Institut Solvay* sein prestigeträchtiges Gebäude im Leopoldpark und zog auf den Solbosch-Campus in der Peripherie von Brüssel. Zeitweise konnten das *Institut* und sein Gebäude eine „Vermittlerrolle" bei der weltweiten Verbreitung soziologischen Wissens spielen. Im Jahr 1935, am Rande der Internationalen Ausstellung in Brüssel, organisierte das Institut (in Zusammenarbeit mit dem von Worms gegründeten *Institut International de Sociologie*) den 12. Internationalen Kongress für Soziologie.[19] In den letzten Jahrzehnten wurden jedoch andere Wege und Ziele beschritten. Das Gebäude von Solvay und Waxweiler wurde in einen prestigeträchtigen Veranstaltungsort umgewandelt. Mit-

---

[18] Von 1935 bis 1952 wurde das *Institut Solvay* von dem Historiker Georges Smets (1881–1961) geleitet. Von 1952 bis 1959 wurde er von dem Klassizisten und Soziologen Henri Janne (1908–1991) abgelöst. Sowohl Smets als Janne waren auch als Rektoren der Universität von Brüssel tätig. Zusammen mit Georges Gurvitch gründete Janne 1958 die *Association Internationale des Sociologues de Langue Française* (AISLF). In den 1960er-Jahren bekleidete Janne mehrere politische Ämter für die Belgische Arbeiterpartei.

[19] Eine der Vormittagssitzungen des Kongresses unter dem Vorsitz des amerikanischen Präsidenten des *Institut International de Sociologie*, Charles Ellwood, war ganz der „sozialen Physik" von Adolphe Quetelet gewidmet. Anlass war der hundertste Jahrestag der Veröffentlichung von Quetelets „*La Physique Sociale*".

ten im europäischen Viertel von Brüssel gelegen, ist es heute als *Bibliothèque Solvay* bekannt.

Religionssoziologie

Auf katholischer Seite finden sich die enthusiastischsten Verfechter der Soziologie in der ersten *Société Belge de Sociologie*. Intellektuell orientierten sich die Hauptakteure dieses Netzwerks hauptsächlich an Durkheim und seiner Schule. Die offizielle Publikation der *Société*, *Le Mouvement Sociologique*, war ausdrücklich an Durkheims *L'Année Sociologique* angelehnt. Obwohl die Beiträge in dieser Zeitschrift erhebliche Meinungsverschiedenheiten darüber erkennen lassen, inwieweit eine katholische Interpretation der Soziologie entwickelt werden konnte, bestand Einigkeit darüber, dass eine „sociologie religieuse", d. h. eine „religiöse Soziologie", im Mittelpunkt der *Société* stehen musste. Mehrere der Mitarbeiter von *Le Mouvement Sociologique* stützten sich auf Comte und Durkheim, um die zentrale Stellung der Religion in der soziologischen Forschung zu legitimieren. Gleichzeitig wurde ausdrücklich argumentiert, dass Katholiken aufgrund ihrer intimen Kenntnis der Religion und der absoluten Wahrheiten besonders gut in der Lage seien, der zentralen Rolle der Religion in der Gesellschaft und in der soziologischen Forschung gerecht zu werden (z. B. Vermeersch, 1900–1901). Für viele der oft theologisch geschulten Autoren lohnte es sich nur, Religion von innen heraus zu studieren.

Natürlich blieben Durkheims Ansatz und seine Definition von Religion nicht unumstritten. Für Durkheim bestand Religion aus verpflichtenden Überzeugungen in Verbindung mit bestimmten Praktiken, die sich auf die in den Überzeugungen genannten Objekte beziehen (Durkheim, 1898, S. 22). Durkheim interpretierte Gott als die Gesellschaft im Allgemeinen; er richtete seine Aufmerksamkeit auf die Art und Weise, wie Gesellschaften ihre eigenen „heiligen" Objekte und Ideale produzieren. Sein Interesse galt der Religion als sozialem Phänomen, als Determinante von Idealen des sozialen Zusammenhalts.[20] Für viele Mitwirkende an *Le Mouvement*

---

[20] In *Les Formes Élémentaires de la Vie Religieuse* führte Durkheim später die folgende Definition ein, die wiederum die kollektive Funktion der Religion hervorhebt: „Eine Religion ist ein einheitliches System von Überzeugungen und Praktiken in Bezug auf heilige, d. h. abgetrennte und verbotene Dinge – Überzeugungen und Praktiken, die alle, die ihnen anhängen, zu einer einzigen moralischen Gemeinschaft, die Kirche genannt wird, vereinen" (2001, S. 62).

Sociologique versäumte Durkheims Ansatz jedoch, wesentliche Dimensionen der Religion zu berücksichtigen. Besonders besorgniserregend war Durkheims Idee, verschiedene Religionen im Hinblick auf die Art und Weise zu vergleichen, wie sie ihre soziale Funktion erfüllen – ein solcher Ansatz konnte die moralische Autorität und Vormachtstellung der katholischen Kirche nicht angemessen berücksichtigen (Gerard & Wils, 1999, S. 45–48). Stattdessen wurde die „natürliche" Unterscheidung zwischen Gläubigen und Nicht-Gläubigen betont. Die Soziologie hatte sich auf eine Nebenrolle zu beschränken, denn die Wahrheit wurde von Gott offenbart und von der römisch-katholischen Kirche bewahrt. Soziologie und Religionssoziologie mussten daher immer Teil eines apologetischen Projekts sein.

Solche katholischen Anliegen kamen auch in einem großen ethnographischen und „deskriptiven" soziologischen Projekt über „primitive" Stämme in Afrika, insbesondere im Kongobecken, zum Ausdruck, das von der *Société* unterstützt wurde. Das Projekt führte zu einer Reihe von ethnographischen Monographien, die unter der Leitung von C. Van Overbergh veröffentlicht wurden. Der Untertitel der Reihe – *Deskriptive Soziologie* – wurde von Herbert Spencers *Descriptive Sociology* inspiriert. Für Spencer waren die Bände seiner *Descriptive Sociology*, in denen Informationen über die sozialen Einrichtungen verschiedener Gesellschaften, sowohl der „primitiven" als auch der „zivilisierten", veröffentlicht wurden, die Grundlage für *The Principles of Sociology* (Spencer, 1873–1881). Van Overbergh hatte ähnliche Ambitionen: Er glaubte, dass die geplanten 17 ethnografischen Monografien (von denen 12 vor dem Ersten Weltkrieg erscheinen sollten) es ihm ermöglichen würden, allgemeinere soziologische Schlussfolgerungen zu ziehen.

Die ethnografischen Studien stützten sich auf Daten, die von belgischen Funktionären und Missionaren bereitgestellt wurden. Sie stützten sich auf einen Fragebogen, der 202 Fragen enthielt. Es wurden sechs große Themenbereiche abgedeckt: materielle Bedingungen, Familienstrukturen, religiöses, soziales und intellektuelles Leben sowie anthropologische Merkmale. Diese beschreibenden Übersichten sollten den Missionaren ein Instrument zur Durchführung ihrer evangelistischen Arbeit an die Hand geben. Sie konnten die Sache der Kirche in Afrika voranbringen. In Anlehnung an Van Overbergh zeigten die Monographien vor allem, dass ein schrittweiser oder synkretistischer Ansatz, bei dem der Katholizismus auf die lokalen, „primitiven" Glaubenssysteme aufgepfropft würde, effizienter wäre als ein radikaler Ansatz, der diese lokalen Glaubensvorstellungen zunächst entwurzeln würde. Dieser Ansatz unterschied sich also nicht wesentlich von dem, den Waxweiler etwa zur gleichen Zeit im Brüsseler *Institut Solvay* vertrat. In einem katholischen zivilisatorischen Rahmen wurde auch der Begriff der „Akkulturation" in den Vordergrund gestellt. Gerade vor diesem Hintergrund konnten ethnographische Übersichten und Analysen für die katholischen Missionare im Kongobecken von unschätzbarem Wert sein. Kurz nach dem Tod von Leopold II. zitierte Van Overbergh im Vorwort zum sechsten Band der Reihe *Sociologie Descriptive* die ausdrückliche Unterstützung des Königs für seine Arbeit und Mission: „Ich sehe in Ihrer Arbeit die Möglichkeit, Afrika allmählich und methodisch, ohne Zeitverlust, zu zivilisieren, wobei ich von der realen Situation dieser tapferen Menschen ausgehe" (1910, S. XXXVIII; für ausführlichere Überblicke dieser Studien, siehe Wijns, 2003, S. 20–22; Couttenier, 2005, S. 224–234; Poncelet, 2008, S. 170–175; siehe auch Depaepe & Van Rompaey, 1995).[21]

Die Aktivitäten der *Société Belge de Sociologie* kamen in der Zeit um den Ersten Weltkrieg zum Erliegen. Die *Société* hatte in Löwen nie viel institutionelle Unterstützung erhalten; sie war nie mehr als eine „freiwillige Vereinigung" von Katholiken mit Interesse an der Soziologie gewesen. In dem Moment, in dem ihre aktivsten Mitglieder sich anderen Projekten widmeten, verschwand sie, ohne große Spuren zu hinterlassen (Digneffe, 1986, S. 47–72; Wijns, 2003). Um die Mitte des zwanzigsten Jahrhunderts, als die Soziologie an der Universität Löwen eine stärkere strukturelle Unterstützung erhielt, wurde der Entwicklung einer „sociologie religieuse", d. h. einer Soziologie im Dienste der römisch-katholischen Kirche, wieder viel Aufmerksamkeit gewidmet. Aber auch hier waren die Protagonisten im Allgemeinen mehr mit den Problemen der katholischen Kirche vertraut als mit den klassischen Arbeiten der Religionssoziologie. *Abbé* Leclercq, der Gründer des *Centre de Recherches Sociologiques*, vertrat die Ansicht, dass nur Katholiken, die den übernatürlichen Charakter der Kirche zu respektieren wussten, angemessen soziologische Forschung betreiben konnten. Seiner Ansicht nach war eine angemessene theologische Ausbildung notwendig, um die naturalistischen Ansichten der Soziologie zu widerlegen und neue Instrumente für die evangelische Arbeit zu entwickeln (Sauvage, 1992, S. 204–247).

---

[21] „Je vois dans votre oeuvre la possibilité de civiliser l'Afrique, progressivement, avec méthode, sans perte de temps, en prenant comme point de départ la situation réelle de ces braves gens".

Beispielhaft für diese Sichtweise ist das Werk des Franziskaners Nabor Devolder (1909–1967), eines engen Mitarbeiters von Leclercq, der 1942 promovierte und im Jahr darauf in der flämischen katholischen Zeitschrift *Streven* (die enge Beziehungen zu den Jesuiten unterhielt) zwei Artikel über das Verhältnis zwischen Soziologie und Kirche veröffentlichte. Er lehnte Durkheims Ansatz ab, plädierte aber für eine wissenschaftliche, positivistische Analyse der Kirche. Er unterschied zwischen dem sichtbaren und unsichtbaren, dem natürlichen und übernatürlichen Charakter der Kirche (Devolder, 1943). Eine soziologische Analyse der Kirche sei möglich, sofern sie von Katholiken durchgeführt werde, deren Denkschemata notwendigerweise ihrem Glauben unterworfen seien und deren positivistische Beobachtungen durch ihre religiösen Verpflichtungen erhellt werden müssten. Eine solche soziologische Analyse könnte für die Kirche von Nutzen sein, da sie dazu beitragen könnte, neue Instrumente für die evangelische Arbeit der Kirche in der säkularen Welt zu entwickeln.[22]

Anklänge an diese Sichtweise waren in den folgenden Jahrzehnten immer wieder zu hören. Im Vorwort der ersten Dissertation in Löwen, die ausdrücklich der Religionssoziologie gewidmet war, wurde die Soziologie von den kirchlichen Autoritäten ausdrücklich als „Hilfswissenschaft für die Pastoral" bezeichnet (Kerkhofs, 1954, S. 5). Auf ausdrücklichen Wunsch dieser Behörden legte der Autor der Dissertation, der Jesuit Jan Kerkhofs (1924–2015), einen detaillierten Überblick über die „religiöse Praxis in ihrem sozialen und wirtschaftlichen Umfeld" vor, um die Pastoralpolitik „in einer kritischen Zeit" zu unterstützen (1954, S. 362–371). Die Dissertation wurde auch unter der Schirmherrschaft der Kirche veröffentlicht: Die Genehmigung wurde durch das *Imprimatur* und das Vorwort des Bischofs des Autors erteilt.[23] Um akzeptabel zu sein, wurde die Soziologie in Löwen oft in katholischen Begriffen neu definiert; im Fall der Religions-

---

[22] Nach dem Zweiten Weltkrieg wurde der Franziskaner Devolder einer der Gründerväter der Hochschule für Journalismus an der Katholischen Universität von Löwen. Er lehrte auch Religionssoziologie in Löwen. Devolder betrachtete sowohl die Religionssoziologie als auch den Journalismus als Formen der Missionierung, als bevorzugte Mittel zur Verbreitung katholischer Werte und Prinzipien (vgl. Gerard, 1992, S. 85–88).

[23] Jan Kerkhofs gehörte später zu den Gründungsmitgliedern der European Values Study. Die European Value Systems Study Group, wie sie damals genannt wurde, führte ihre erste Umfrage 1981 durch. Die folgenden Erhebungswellen fanden 1990, 1999 und 2008 statt. Siehe http://www.europeanvaluesstudy.eu.

soziologie schien eine solche instrumentelle und hierarchische Beziehung fast selbstverständlich zu sein (siehe auch Chalon, 1959).

Im Jahr 1948 gründete *abbé* Leclercq die *Conférence Internationale de Sociologie Religieuse*. Auch in diesem internationalen Rahmen betonte Leclercq immer wieder, dass die Bedürfnisse der katholischen Kirche die vorrangigen Ziele der soziologischen Forschung bestimmen: „La sociologie religieuse doit être au service de l'Église" (zitiert in Dobbelaere, 1999, S. 80; siehe auch Poulat, 1999). Allmählich vollzog sich jedoch ein Übergang von der „sociologie religieuse" oder religiösen Soziologie zur Soziologie der Religion (im Singular), d. h. zur soziologischen Untersuchung des Katholizismus, und später auch zur Soziologie der Religionen (Plural). Im Jahr 1981 änderte die internationale Vereinigung katholischer Soziologen offiziell ihren Namen in *Conférence Internationale de Sociologie des Religions*; 1989 wurde sie zur *Société Internationale de Sociologie des Religions* (oder zur *International Society for the Sociology of Religion*, wie sie heute allgemein bekannt ist). Andere christliche Religionen, insbesondere die protestantischen, wurden zunächst als Studienobjekte hinzugefügt. In den letzten Jahrzehnten wurde auch den nichtchristlichen Religionen Aufmerksamkeit geschenkt (Willaime, 2012).

In Löwen selbst konnte in den 1960er-Jahren und danach allmählich eine neue Generation katholischer Soziologen das Ruder übernehmen. Der Übergang von einer „klerikalen Universität" zu einer „katholischen Universität" war auch auf dem Gebiet der Soziologie sichtbar. Die meisten Mitglieder dieser neuen Generation waren nicht nur Laien, sondern hatten auch eine Ausbildung in Soziologie (anstelle von Theologie oder Philosophie) absolviert. Die Religion (vor allem der römische Katholizismus) blieb jedoch in Löwen und Louvain-la-Neuve ein wichtiges soziologisches Thema. Sie wurde nun aber vor allem im Zusammenhang mit der Säkularisierungsthese diskutiert, wie sie von Soziologen wie Peter Berger und Bryan Wilson einflussreich vertreten wurde (z. B. Berger, 1967; Wilson, 1969). Solche Forschungen über Religion und Säkularisierung wurden von Wissenschaftlern wie Karel Dobbelaere (°1933), Jean Remy (°1928) und Liliane Voyé (°1938) durchgeführt. Sie wandten sich auch an ein internationales Publikum. Dobbelaere zum Beispiel war lange Zeit Generalsekretär und Präsident der *Société Internationale de Sociologie des Religions*. An der Katholischen Universität Löwen wurde auch die offizielle (inzwischen zweisprachige) Zeitschrift der Gesellschaft, der *Social Compass: Revue Internationale de Sociologie de la Religion/International Review of Sociology of Religion*, herausgegeben.

Die katholischen Soziologen in Belgien konnten sich auf die finanzielle Unterstützung eines breiten Spektrums katholischer Organisationen verlassen. „Nützliche" Daten wurden systematisch vom Zentrum für Religionsstatistik gesammelt, das Ende der 1950er-Jahre von den belgischen Bischöfen gegründet worden war. Dieses Zentrum war auf soziografische Daten über die Teilnahme an religiösen Riten (wie Taufen, Hochzeiten und Beerdigungen) und den Besuch der Heiligen Messe spezialisiert. Ein Großteil der Inspiration für den Ansatz des Zentrums stammte ursprünglich aus der Arbeit von Gabriel Le Bras, einem Professor an der juristischen Fakultät der Sorbonne (Paris). In den 1930er- und 1940er-Jahren hatte Le Bras eine Typologie der katholischen Gläubigen ausgearbeitet, die es seiner Ansicht nach ermöglichte, die „Vitalität" des Katholizismus zu messen und die dringendsten Aufgaben der Kirche angesichts der zunehmenden Säkularisierung zu definieren. Mit Hilfe der Pfarreien erstellte Le Bras detaillierte Karten, die den Grad der Zugehörigkeit zur katholischen Kirche zeigten. Er argumentierte auch, dass diese Karten zur Entwicklung neuer Programme für die Evangelisierung genutzt werden könnten (siehe Le Bras, 1956; Willaime, 2012, S. 23–24; Heilbron, 2015, S. 144). Ähnliche Daten wurden vom belgischen Zentrum für Religionsstatistik gesammelt. Auch die katholischen Soziologen in Leuven und Louvain-la-Neuve nutzten jahrzehntelang ähnliche Ansätze, um die Gefahren der Moderne und die Folgen der Säkularisierung zu diskutieren.

Die soziologische Forschung zum Katholizismus stützte sich jedoch nicht nur auf statistische Daten. Nach der Gründung von KADOC, einem interdisziplinären katholischen Dokumentationszentrum, Mitte der 1970er-Jahre wurde eine stärker historisch orientierte Forschung angeregt. Dieses Zentrum konnte eine reichhaltige Archivsammlung von Büchern und Zeitschriften, Bildern, Gegenständen und privaten Dokumenten von „führenden" Katholiken in Belgien anlegen. Es führt auch Auftragsforschung für ein breites Spektrum katholischer Organisationen durch. Die „Vertrauensbeziehungen" zu den Organisationen der katholischen Säule, auf die sich diese Auftragsforschung stützt, sind ein Hinweis auf die doppelte Ausrichtung dieser Tradition. Obwohl die primäre Bezugsgruppe der neuen „Laiengeneration" nicht die katholische Kirche, sondern die internationale Gemeinschaft der Religionssoziologen ist, wurde ein bedeutender Teil ihrer Beiträge zur Soziologie des Katholizismus von den Druckereien und in den militanten Zeitschriften der katholischen Säule veröffentlicht.

In den letzten Jahrzehnten des zwanzigsten Jahrhunderts wurde das bereits erwähnte Konzept der *Verzuiling* (Versäulung) vor allem dazu verwendet, die sozialen Bedeutungen von Religion und Säkularisierung zu untersuchen. Über die katholische Säule, ihre „Führer" und ihre Organisationen sind inzwischen Dutzende von Dissertationen geschrieben worden. Spiegelbildlich dazu wurde auch viel über die sozialistische und liberale Säule in Belgien veröffentlicht. In Löwen ermöglichte die Annahme des Konzepts der *Verzuiling* eine distanziertere Haltung gegenüber der römisch-katholischen Kirche. Es ermöglichte die Ausarbeitung einer kritischen, soziologischen Haltung, die eine auf die Erklärung der Lehren und Wahrheiten der Kirche ausgerichtete Haltung ersetzen konnte (z. B. De Clercq, 1968; Huyse, 1970; Billiet & Dobbelaere, 1976; Dobbelaere, 1988; Laermans, 1992). Doch die dauerhafte Relevanz dieser Forschungsrichtung kann heute leicht in Frage gestellt werden (Vanderstraeten, 1999; Hellemans, 2015; siehe auch Mangez & Mangez, 2011). Sie hat zu einem Quasi-Monopol einer engen soziologischen Perspektive geführt – als ob politisch-religiöse Verpflichtungen immer dominierten und als ob die Relevanz der verschiedenen Soziologien immer in Bezug auf „ihre" Säulen definiert werden müsste.

Vielleicht war die Konzentration auf methodische und statistische Techniken, die in der Soziologie in Belgien in der zweiten Hälfte des zwanzigsten Jahrhunderts aufkam, eine Möglichkeit, den ideologischen Druck zu umgehen. Vielleicht sind die ideologischen Spaltungen auch der Grund für die starke Betonung der empirischen Beobachtung und der objektiven Fakten in den belgischen Soziologie-Lehrbüchern dieses Zeitraums (van Deynze, 2015). Die Betonung von Objektivität und methodischem Fachwissen war ein Mittel, um sich von diesen ideologischen Spaltungen zu distanzieren. Ein Großteil der Forschung war und ist jedoch auf Themen und Probleme ausgerichtet, die die verschiedenen Säulen betreffen. Ein Großteil der soziologischen Forschung ist angewandte Forschung, motiviert durch die wahrgenommene Dringlichkeit sozialer Probleme in Bereichen wie Bildung, Arbeit und Gesundheitswesen.[24]

---

[24] Von besonderer Bedeutung ist in diesem Zusammenhang das *Institut Supérieur du Travail*, das 1951 in Löwen unter der Schirmherrschaft der Katholischen Gewerkschaft gegründet wurde. Mitte der 1960er-Jahre, kurz vor der offiziellen Teilung der Katholischen Universität Löwen in zwei einsprachige Universitäten, wurden zwei unabhängige Einrichtungen geschaffen. Auf flämischer Seite wurde 1974, wiederum in Zusammenarbeit mit der Katholischen Gewerkschaft, ein neues Höheres Institut für Arbeitsstudien (oder *Hoger Instituut voor de Arbeid*) gegründet, um die Probleme der Arbeitnehmer „in einem weiten

In den verfügbaren Berichten über die Soziologie in Belgien wird häufig eine grundlegende „utilitaristische" Orientierung betont. Pierre de Bie zum Beispiel betonte, dass die rasche Expansion der Soziologie in Belgien nach dem Krieg mit der Institutionalisierung einer instrumentellen, politikorientierten Ausrichtung einherging. In einem Aufsatz, der im *Handbook of Contemporary Developments in World Sociology* veröffentlicht wurde, argumentierte er, dass „die Entwicklungen nach dem Zweiten Weltkrieg, zuerst in der Lehre und dann in der Forschung, absolut keine Gemeinsamkeiten mit dem haben, was vorher gemacht wurde" (1975, S. 31).[25] Er stellte aber auch fest, dass diese institutionelle Erweiterung nichts an der angewandten, politikorientierten Ausrichtung geändert habe: „Genau wie im neunzehnten Jahrhundert unter der Anregung von Quetelet und Ducpétiaux haben die seit dem Zweiten Weltkrieg entwickelten Studien ihre Themen in Bereichen gewählt, in denen soziale Probleme aufgeworfen wurden". De Bie schließt mit einer rhetorischen Frage: „Könnte man sagen, dass ... die Soziologie die Notwendigkeit verspürt, die von ihr geforderten Subventionen durch die utilitaristische Tragweite ihrer Projekte zu rechtfertigen?" (1975, S. 32).

De Bie sprach vorsichtigerweise nicht von belgischer Soziologie, sondern von Soziologie in Belgien. In der nächsten Ausgabe dieses internationalen Handbuchs sprach das Soziologenehepaar Liliane Voyé und Karel Dobbelaere von „belgischer Soziologie", aber ihre Schlussfolgerung entsprach derjenigen von De Bie. Kennzeichnend für die „belgische Soziologie" des späten zwanzigsten Jahrhunderts, so Voyé und Dobbelaere, sei „ihr Interesse an praktischen Anwendungen, das sich in der Entwicklung bestimmter Teilbereiche und deren Beiträgen zur Sozialpolitik und Entscheidungsfindung widerspiegelt" (1994, S. 35). Ähnliche An-

---

Sinne" zu untersuchen, einschließlich Bildung, Gesundheitsversorgung und Freizeitgestaltung. Diese Einrichtungen sind multidisziplinär, aber es ist nicht ungerechtfertigt, zu behaupten, dass sie in erster Linie von einer angewandten wirtschaftlichen, datengesteuerten Perspektive geleitet werden. Für einen kurzen Einblick in die Geschichte dieser flämischen Einrichtung siehe https://hiva.kuleuven.be/en/about-hiva/brief-history, für einen Überblick über das frankophone Pendant siehe https://www.uclouvain.be/13830.html (letzter Zugriff am 2. Mai 2017).

[25] De Bies Beitrag wurde zunächst auf dem Ersten Internationalen Kongress der Sozialwissenschaften vorgestellt, der vom katholischen *Istituto Luigo Sturzo* organisiert wurde (de Bie, 1967); in einer leicht überarbeiteten Fassung wurde er später im *Handbook of Contemporary Developments in World Sociology* veröffentlicht. Wie diese Kommunikationsorte zeigen, fand die zweite Phase der Expansion und Institutionalisierung der Sozialwissenschaften in vielen Teilen der Welt statt.

sichten wurden auch in Festschriften und Ehrungen für „bedeutende Persönlichkeiten" der belgischen Nachkriegssoziologie vertreten (z. B. Van Eyken & Verhoeven, 1991; Javeau, 1998; Matthys, 1998). Wie wir gezeigt haben, bildete die Versäulung lange Zeit den Kontext, in dem Soziologen Legitimität erlangen mussten und in dem sie sich bemühen konnten, „relevant" und „nützlich für die Gesellschaft" zu sein. Soziologie und Sozialpolitik sind in Belgien in vielerlei Hinsicht eng miteinander verwoben geblieben. Politische Parteinahme zahlt sich immer noch aus, denn sie ist ein privilegierter Weg, um Finanzmittel für „relevante", auf die Politik ausgerichtete Forschung zu erhalten.

SCHLUSSFOLGERUNG

Die ideologischen Spaltungen innerhalb Belgiens haben den Aufbau unterschiedlicher wissenschaftlicher Welten begünstigt. Sie haben auch die Entwicklung der Soziologie in Belgien lange Zeit dominiert. Eine Zusammenarbeit über diese Grenzen hinweg war selten. Die belgische Soziologie hat auch dazu beigetragen, diese „säulenförmige" gesellschaftliche Realität aufrechtzuerhalten – nicht zuletzt, weil mehrere Fakultätsmitglieder eine Kombination aus akademischer und politischer Karriere anstrebten und noch immer anstreben. Die Mitwirkung an der Formulierung bestimmter ideologischer Programme und politischer Strategien war ein wesentlicher Bestandteil des Selbstverständnisses vieler belgischer Soziologen. Mit dem Konzept der *Verzuiling* (Versäulung) hat sie auch eine theoretische Perspektive eingenommen, die von diesen Spaltungen ausgeht. Sie nahm die politisch-religiösen oder ideologischen Spaltungen innerhalb Belgiens als gegeben hin und legitimierte sie.

Jüngste Daten über das flämische Hochschulsystem werfen ein Licht auf die langfristigen Folgen dieser Spaltungen (Seeber et al., 2016). Wie Daten aus einem Zeitraum von mehr als zwei Jahrzehnten zeigen, wird die akademische Laufbahn in Flandern immer noch durch die Spaltung zwischen den Säulen und ihren Universitäten bestimmt. Während 12 % der Postdoktoranden, die zwischen 1990 und 2013 an eine flämische Universität berufen wurden, eine Professorenstelle erhielten, sind die Karriereperspektiven dieser Forscher in hohem Maße von Geschlecht, Nationalität und „Karrierepfad" bestimmt. Männer wurden häufiger ernannt als Frauen (71 % gegenüber 29 %), Belgier häufiger als Nicht-Belgier (93 % gegenüber 7 %) und interne (hausberufene) Kandidaten häufiger als Personen, die an anderen Universitäten in Belgien oder im Ausland gearbeitet haben (87 % gegenüber 13 %). Während die internationale Mobilität der belgischen Forscher heute aktiv gefördert wird, ist die nationale Mobilität – d. h. die Mobilität über die Grenzen der belgischen Universitäten hinweg – nach wie vor sehr gering. Lediglich 5 % der Professoren (und ebenfalls nur 5 % der Postdocs) haben zuvor an einer anderen flämischen Universität gearbeitet. In Flandern und Belgien wird die Homogenität oder vermeintliche Besonderheit bestimmter sozialer und akademischer Identitäten durch die Auswahl von Bewerbern mit ähnlichem soziopsychologischen und sozio-kulturellen Hintergrund gewahrt.

Literatur

(1941). *De corporatieve gedachte bij de katholieke sociologen van de XIXe eeuw.* Standaard Boekhandel.
Abbott, A. (1999). *Department & discipline: Chicago sociology at one hundred.* University of Chicago Press.
Anderson, B. (2006). *Imagined communities. Reflections on the origin and spread of nationalism.* Verso.
Bayly, C. A. (2004). *The birth of the modern world, 1780–1914.* Blackwell.
Bellah, R. N. (1970). *Beyond belief: Essays on religion in a post-traditional world.* Harper & Row.
Bellah, R. N. (1989). Comment. *Sociological Analysis, 50*(2), 147.
Berger, P. (1967). *The sacred canopy.* Doubleday.
Bertrams, K., Coupain, N., & Homburg, E. (2013). *Solvay: History of a multinational family firm.* Cambridge University Press.
Beyer, P. (2006). *Religions in global society.* Routledge.
de Bie, P. (1967). Sociology in Belgium. In Luigi Sturzo Institute (Hrsg.), *La sociologia contemporanea nell'Europa Occidentale e nelle Americhe/Contemporary sociology in Western Europe and in America* (S. 133–152). Luigi Sturzo Institute.
de Bie, P. (1974). *La sociologie d'Emile Waxweiler.* Palais des Académies.
de Bie, P. (1975). Contemporary sociology in Belgium. In R. P. Mohan & D. Martindale (Hrsg.), *Handbook of contemporary developments in world sociology* (S. 31–46). Greenwood Press.
de Bie, P. (1986). Les débuts de la sociologie en Belgique. III: Les Sociétés Belges de Sociologie et le Centre Interuniversitaire. *Recherches Sociologiques, 17*(2), 193–230.
de Bie, P. (1994). Sciences sociales et sociologie à l'UCL. *Recherches Sociologiques, 25*(1), 107–110.
Billiet, J., & Dobbelaere, K. (1976). *Godsdienst in Vlaanderen.* Davidsfonds.
Brubaker, R. (2013). Language, religion and the politics of difference. *Nations and Nationalism, 19*(1), 1–20.

Chalon, P. (1959). Implantation de la sociologie religieuse en Belgique. *Social Compass*, 6(4/5), 155–164.
de Clercq, B. J. (1968). *Kritiek van de verzuiling*. van In.
Couttenier, M. (2005). *Congo tentoongesteld: Een geschiedenis van de Belgische antropologie en het museum van Tervuren (1882–1925)*. Acco.
Crombois, J.-F. (1994). *L'univers de la sociologie en Belgique de 1900 à 1940*. Editions de l'Université de Bruxelles.
Crombois, J.-F. (1995). Bibliographie, sociologie et coopération internationale. De l'Institut International de Bibliographie à l'Institut de Sociologie Solvay. In A. Despy-Meyer (Hrsg.), *Cent ans de l'Office International de Bibliographie* (S. 215–238). Editions Mundanéum.
Crombois, J.-F. (1998). De eugenetica in België voor 1914: het *Institut de Sociologie Solvay* (1902–19014). In M. Beyen & G. Vanpaemel (Hrsg.), *Rasechte wetenschap? Het rasbegrip tussen wetenschap en politiek voor de Tweede Wereldoorlog* (S. 31–41). Acco.
Dallemagne, J. (1886). *Principes de Sociologie*. Mayolez.
De Bont, R. (2008). *Darwins kleinkinderen. De evolutietheorie in België 1864–1945*. Vantilt.
Deferme, J. (2007). *Uit de ketens van de vrijheid: Het debat over de sociale politiek in België 1886–1914*. Universitaire Pers Leuven.
Denis, H. (1919). *Discours philosophiques d'Hector Denis*. Giard & Brière.
Depaepe, M., & Van Rompaey, L. (1995). *In het teken van de bevoogding. De educatieve actie in Belgisch-Kongo (1908–1960)*. Garant.
Deploige, S. (1912). *Le conflit de la morale et de la sociologie*. Institut supérieur de philosophie.
Deschamps, F. (1901). Notes et renseignements. *Le Mouvement Sociologique*, 1(4), 189–192.
Deschamps, F. (1902). Notes et documents: L'Institut Solvay de Sociologie. *Le Mouvement Sociologique*, 2, 392–404.
Devolder, N. (1943). Sociologie van de Kerk en apostolaat. *Streven*, 14(4), 209–216.
Digneffe, F. (1986). *La sociologie en Belgique de 1880 à 1914: la naissance des instituts de sociologie*. CRID&P.
Dobbelaere, K. (1988). *Het 'Volk-Gods' de mist in? Over de kerk in België*. Acco.
Dobbelaere, K. (1999). CISR, an alternative approach to sociology of religion in Europe: ACSS and CISR compared. In L. Voyé & J. Billiet (Hrsg.), *Sociology and religions: An ambiguous relationship* (S. 79–89). Leuven University Press.
Dumon, W. (1981). Sociologie in België. In L. Rademaker (Hrsg.), *Sociologische grondbegrippen I* (S. 166–198). Spectrum.
Durkheim, E. (1898). De la définition des phénomènes religieux. *L'Année Sociologique*, 2, 1–28.
Durkheim, E. (1912). Review of „Simon Deploige, Le conflit de la morale et de la sociologie". *L'Année Sociologique*, 12, 326–328.

Durkheim, E. (2001). *The elementary forms of religious life*. Oxford University Press.
Ellemers, J. E. (1984). Pillarization as a process of modernization. *Acta Politica, 19*, 129–144.
Firsching, H. (1995). Emile Durkheims Religionssoziologie – made in Germany? Zu einer These von Simon Deploige. In V. Krech & H. Tyrell (Hrsg.), *Religionssoziologie um 1900* (S. 351–363). Ergon Verlag.
Frost, H. H. (1959). *The functional sociology of Émile Waxweiler and the Institut de Sociologie Solvay*. Académie royale de Belgique.
Gellner, E. (1983). *Nations and nationalism*. Oxford University Press.
Gerard, E. (1992). *Sociale wetenschappen aan de Katholieke Universiteit te Leuven, 1892–1992*. Politica Cahier.
Gerard, E., & Wils, K. (1999). Catholics and sociology in Leuven from Désiré Mercier to Jacques Leclercq: A process of appropriation. In L. Voyé & J. Billiet (Hrsg.), *Sociology and religions: An ambiguous relationship* (S. 38–56). Leuven University Press.
Gérin, P. (1991). Sociaal-katholicisme en christen-democratie (1884–1904). In E. Gerard (Hrsg.), *De christelijke arbeidersbeweging in België, deel 1* (S. 56–113). Universitaire Pers Leuven.
Gough, A. (1986). *Paris and Rome. The gallican church and the ultramontane campaign, 1848–1853*. Oxford University Press.
Graff, H. J. (2015). *Undisciplining knowledge: Interdisciplinarity in the twentieth century*. Johns Hopkins University Press.
Heilbron, J. (2015). *French sociology*. Cornell University Press.
Hellemans, S. (1990). *Strijd om de moderniteit. Sociale bewegingen en verzuiling in Europa sinds 1800*. Leuven University Press.
Hellemans, S. (2015). Verzuiling: Terugblik op het onderzoek. *Sociologos, 36*(3), 287–299.
Huyse, L. (1970). *Passiviteit, pacificatie en verzuiling in de Belgische politiek*. Standaard Wetenschappelijke Uitgeverij.
Jacquart, C. (1900–1901). Rapport sur les travaux de la Société Belge de Sociologie. *Annales de Sociologie et Mouvement Sociologique, 1*(1), 1–27.
Javeau, C. (1998). Henri Janne aurait cent ans. *Cahiers Internationaux de Sociologie, 30*(125), 377–378.
Kerkhofs, J. (1954). *Godsdienstpraktijk en sociaal milieu. Proeve van godsdienstsociologische studie der provincie Limburg*. Lumen Vitae.
Kessareas, E. (2015). Orthodox theological currents in modern Greece after 1974: Ongoing tensions between reform and conservatism. *Journal of Modern Greek Studies, 33*(2), 241–268.
Kessareas, E. (2018). The Greek debt crisis as theodicy: Religious fundamentalism and socio-political conservatism. *The Sociological Review, 66*, 122–137.
Keynes, J. M. (1926). *The end of laissez-faire*. Woolf.

Laermans, R. (1992). *In de greep van 'de moderne tijd'*. In *Modernisering en verzui-ling. Evoluties binnen de ACW-vormingsorganisaties*. Garant.
Le Bras, G. (1956). Sociologie des religions: Tendances actuelles de la recherche. *Current Sociology, 5*(1), 5–14.
Lechner, F. J. (2012). *The Netherlands: Globalization and national identity*. Routledge.
Leclercq, J. (1938). *De la communauté populaire*. Aubin.
Leemans, V. (1938). *Inleiding tot de sociologie*. Standaard Boekhandel.
Lijphart, A. (1977). *Democracy in plural societies*. Yale University Press.
Lory, J. (1979). *Libéralisme et instruction primaire 1842–1879*. Bibliothèque de l'Université.
Louckx, K. (2017). The nation-state in its state-istics (Belgium, 1846–1947). *Nations and Nationalism, 23*(3), 505–523.
Lukes, S. (1973). *Emile Durkheim, his life and work*. Harper & Row.
Lyman, S. M. (1992). *Militarism, imperialism, and racial accommodation. An analysis and interpretation of the early writings of Robert E. Park*. University of Arkansas Press.
Mangez, C., & Mangez, E. (2011). Producing dangerous knowledge: Researching knowledge production in Belgium. *European Educational Research Journal, 10*(2), 252–258.
Matthys, K. (1998). Prof. Dr. Wilfried Dumon: A portrait. In K. Matthys & A. Van den Troost (Hrsg.), *The family: Contemporary perspectives and challenges. Festschrift in honor of Wilfried Dumon* (S. xi–xii). Leuven University Press.
Parsons, T. (1978). *Action theory and the human condition*. Free Press.
Parsons, T., & Platt, G. M. (1973). *The American university*. Harvard University Press.
Piette, V. (1994). Les semaines sociales (universitaires) de l'Institut de Sociologie. In G. Kurgan-van Hentenryk (Hrsg.), *Laboratoires et réseaux de diffusion des idées en Belgique (XIXe-XXe siècles)* (S. 77–94). Editions de l'Université de Bruxelles.
Poncelet, M. (2008). *L'invention des sciences coloniales belges*. Karthala.
Popelin, P. (1986). *Origines et évolution des études sociologiques à l'U.L.B.* MA Dissertation, ULB, Brussels.
Poulat, E. (1999). La CISR de la fondation à la mutation: Réflexions sur une trajectoire et ses enjeux. In L. Voyé & J. Billiet (Hrsg.), *Sociology and religions: An ambiguous relationship* (S. 57–78). Leuven University Press.
Rabinbach, A. (1992). *The human motor: Energy, fatigue, and the origins of modernity*. University of California Press.
Rokkan, S. (1977). Towards a generalized concept of Verzuiling: A preliminary note. *Political Studies, 25*(4), 563–570.
Sauvage, P. (1992). *Jacques Leclercq 1891–1971: Un arbre en plein vent*. Duculot.

Schumpeter, J. (1907). Review of „E. Waxweiler, Esquisse d'une sociologie". *The Economic Journal, 17*(1), 109–111.

Seeber, M., Debacker, N., & Vandevelde, K. (2016). Mobility and inbreeding in the heart of Europe. What factors predict academic career in Dutch-speaking Belgian universities? Ghent University (unpublished manuscript).

Seguin, T. (2014). Aux origines de la sociologie: l'énergétique sociale d'Ernest Solvay. *Anamnèse, 10*, 49–62.

Sengers, E. (2004). "Although we are Catholic, we are Dutch" – The transition of the Dutch Catholic Church from sect to church as an explanation for its growth and decline. *Journal for the Scientific Study of Religion, 43*(1), 129–139.

Small, A. W. (1906). Review of „Emile Waxweiler, Esquisse d'une sociologie". *American Journal of Sociology, 12*(3), 424–426.

Solvay, E. (1900). *Notes sur le productivisme et le comptabilisme*. Lamertin.

Spencer, H. (1873–1881). *Descriptive sociology or groups of sociological facts*. Appleton.

Sperber, J. (1984). *Popular Catholicism in nineteenth-century Germany*. Princeton University Press.

Stichweh, R. (1994). *Wissenschaft, Universität, Professionen*. Suhrkamp.

Thompson, K. (2002). *Emile Durkheim* (Rev. Aufl.). Routledge.

Tollebeek, J., & Nys, L. (2006). *The city on the hill: A history of Leuven University 1968–2005*. Leuven University Press.

Van Deynze, F. (2015). Sociologen socialiseren: Representatie van de sociologie en de socioloog in Vlaamse inleidende handboeken. *Sociologos, 36*(3), 221–238.

Van Eyken, M., & Verhoeven, J. C. (1991). Tussen beleid en sociologische theorie. Een intellectuele biografie van Professor Doctor Edward Jozef Leemans. In F. Lammertyn & J. C. Verhoeven (Hrsg.), *Tussen sociologie & beleid* (S. 13–37). Acco.

Van Langenhove, F. (1978). L'Institut de Sociologie Solvay au temps de Waxweiler. *Revue de l'Institut de Sociologie, 3*, 229–261.

Van Overbergh, C. (Hrsg.). (1907–1908). *Le mouvement scientifique en Belgique, 1830–1905* (Bd. 2). Société Belge de Librairie.

Van Overbergh, C. (1908). Les sciences sociologiques en Belgique. *Le Mouvement Sociologique International, 9*, 279–282.

Van Overbergh, C. (1910). Préface. In J. Vanden Plas & C. Van Overbergh (Hrsg.), *Les Kukus (Possessions Anglo-Égyptiennes). Sociologie descriptive, vol. VI* (S. V–XXXVIII). Dewit-Institut International de Bibliographie.

Vanderstraeten, R. (1999). Versäulung und funktionale Differenzierung. Zur Enttraditionalisierung der katholischen Lebensformen. *Soziale Welt, 50*(3), 297–314.

Vanderstraeten, R. (2002). Cultural values and social differentiation: The catholic pillar and its education system in Belgium and the Netherlands. *Compare, 32*(2), 133–148.

Vanderstraeten, R. (2013). Talcott Parsons and the enigma of secularization. *European Journal of Social Theory, 16*(1), 69–84.
Vermeersch, A. (1900–1901). Les catholiques et la sociologie. *Annales de Sociologie et Mouvement Sociologique, 1*(1), 28–55.
Vos, L. (2008). Belgium. In M. Klimke & J. Scharloth (Hrsg.), *1968 in Europe: A history of protest and activism, 1956–1977* (S. 153–162). Palgrave Macmillan.
Voyé, L., & Dobbelaere, K. (1994). Contemporary sociology in Belgium. In R. P. Mohan & A. S. Wilke (Hrsg.), *International handbook of contemporary developments in sociology* (S. 20–43). Mansell.
Waxweiler, E. (1906). *Esquisse d'une sociologie*. Misch & Thron.
Weber, M. (1924). *Gesammelte Aufsätze zur Soziologie und Sozialpolitik*. Mohr.
Wijns, F. (2003). *De Société belge de Sociologie en haar verhouding tot E. Durkheim, 1900–1914*. MA dissertation, Ghent University, Ghent.
Willaime, J. P. (2012). *Sociologie des religions: Que sais-je?* Presses Universitaires de France.
Wils, K. (2001). De sociologie. In R. Halleux et al. (Hrsg.), *Geschiedenis van de wetenschappen in België, 1815–2000, deel 1* (S. 305–322). Dexia.
Wils, K. (2005). *De omweg van de wetenschap: Het positivisme en de Belgische en Nederlandse intellectuele cultuur, 1845–1914*. Amsterdam University Press.
Wils, K. (2011). Everyman his own sociologist. Henri Pirenne and disciplinary boundaries around 1900. *Belgisch Tijdschrift voor Nieuwste Geschiedenis, 41*(3–4), 355–380.
Wils, K., & Rasmussen, A. (2012). Sociology in a transnational perspective: Brussels, 1890–1925. *Revue Belge de Philologie et d'Histoire, 90*(4), 1273–1296.
Wilson, B. R. (1969). *Religion in secular society*. Penguin.

KAPITEL 3

Sprache

Zusammenfassung Im zwanzigsten Jahrhundert traten die sprachlichen Unterschiede in Belgien immer deutlicher hervor. Eine interne Sprachgrenze wurde 1962 verwaltungstechnisch festgelegt. Flandern und Wallonien werden seitdem als unterschiedliche einsprachige Regionen innerhalb Belgiens betrachtet. Die Sozialwissenschaften, einschließlich der Soziologie, profitierten von der raschen Expansion des akademischen Systems nach dem Zweiten Weltkrieg, aber die Regionalisierung führte auch zu einer Fragmentierung. Auf beiden Seiten der Sprachgrenze bildeten sich unterschiedliche soziologische Gemeinschaften. Dieses Kapitel befasst sich mit der Entstehung und Institutionalisierung dieser Soziologien in Belgien. Es zeigt auch, wie soziologische Beschreibungen in/von Belgien dazu beigetragen haben, bestimmte soziale Identitäten zu (de-)konstruieren – sowohl auf nationaler als auch auf regionaler Ebene.

Wie in Kap. 2 dargelegt, erwies es sich als schwierig, eine nationale, belgische Einheit auf der Grundlage gemeinsamer religiöser Zugehörigkeiten zu schmieden. In der zweiten Hälfte des neunzehnten und in weiten Teilen des zwanzigsten Jahrhunderts waren die ideologischen Spaltungen in Belgien in einer Vielzahl von gesellschaftlichen Bereichen allgegenwärtig. Die Säulen und die Spannungen zwischen ihnen hatten einen starken Einfluss auf die frühe Entwicklung der Soziologie. Die Katholiken standen der Entwicklung der neuen Disziplin im Allgemeinen eher zurückhaltend gegenüber, weil die Soziologie als Ausdruck einer säkularisierten, insbesondere sozialistischen Weltanschauung angesehen wurde. Um die Mitte des zwanzigsten Jahrhunderts institutionalisierte sich das Interesse an der Soziologie jedoch auch innerhalb der expandierenden katholischen Säule. Ihre ideologische Vereinnahmung war eine Selbstverständlichkeit: Die Soziologie musste der katholischen Kirche und den zahlreichen Organisationen der katholischen Säule dienen.

Obwohl die ideologischen Trennungen während eines Großteils des neunzehnten und zwanzigsten Jahrhunderts dominierten, wurde die Sprache vor allem in den letzten Jahrzehnten zu einem Unterschied, der einen Unterschied macht. In gewisser Weise entsprechen die Unterschiede zwischen Flandern und Wallonien den ideologischen Unterschieden. Der kanadische Politikwissenschaftler K. D. MacRae formulierte dies vor einigen Jahrzehnten wie folgt: „Trotz erheblicher Unterschiede innerhalb der beiden Regionen und einiger Veränderungen im Laufe der Zeit unterscheidet sich Flandern immer noch deutlich von Wallonien in dem Ausmaß, in dem es an traditionellen katholischen Werten festhält, und dieses Festhalten hat wichtige institutionelle Konsequenzen ... Es zeigt sich in der häufigeren Präferenz der Eltern für die *écoles libres*, das katholische Schulsystem, das von der Kirche organisiert, aber jetzt teilweise vom Staat subventioniert wird; in der Mitgliedschaft in katholischen Gewerkschaften statt in sozialistischen oder liberalen Gewerkschaften; und in der Wahl katholischer politischer Parteien" (1986, S. 68). Trotz erheblicher Unterschiede innerhalb der beiden Regionen war und ist der katholische Pfeiler, wie MacRae es ausdrückt, in Flandern tatsächlich stärker als in Wallonien. In Wallonien, mit seiner industriellen Vergangenheit, war und ist der sozialistische Pfeiler einflussreicher.

Es muss jedoch auch betont werden, dass die sprachlichen und regionalen Unterschiede zwischen Flandern und Wallonien nicht genau oder völlig mit den Unterschieden zwischen den Säulen übereinstimmen. In Belgien sind die Unterschiede zwischen Flandern und Wallonien im Laufe des zwanzigsten und frühen einundzwanzigsten Jahrhunderts immer deutlicher und folgenreicher geworden. Die Sprachgrenzen wurden im Jahr 1962 festgelegt. Danach wurden die Verwaltungsgrenzen in Belgien an die administrativ festgelegten Sprachgrenzen angepasst. Im Laufe dieses Prozesses ist Belgien zu einem föderalen Staat geworden, dessen

Regionen und Zuständigkeitsbereiche durch diese Sprachgrenzen definiert und eingegrenzt werden. Flandern und Wallonien sind nun als einsprachige Gebiete konzipiert, während Brüssel als zweisprachige Region definiert ist. Die ideologischen Unterschiede wurden nach und nach von den sprachlichen und regionalen Unterschieden überlagert – sehr zur Verwunderung vieler nicht-belgischer Beobachter.

In diesem Kapitel werden wir uns auf einige Folgen der wachsenden Unterschiede zwischen den wichtigsten Sprachregionen Belgiens konzentrieren. In Flandern und Wallonien gibt es heute unterschiedliche akademische Systeme; für die meisten disziplinären Gemeinschaften und für die meisten Forschungsthemen stellt die nationale Ebene keinen sozial oder kulturell bedeutsamen Sinnhorizont mehr dar. Wir werden uns insbesondere mit der Entstehung von zwei relativ isolierten soziologischen Gemeinschaften in Belgien befassen: einer französischsprachigen und einer niederländischsprachigen.[1] Wir werden auch erörtern, wie die sprachlichen und regionalen Unterschiede dazu geführt haben, dass die ideologischen Unterschiede zwischen den Säulen „überlagert" wurden. Zu Beginn werden wir jedoch kurz einige der Probleme erörtern, die sich aus der modernen Vorstellung ergeben, dass Sprache und Territorium untrennbar miteinander verbunden sein müssen. Anhand einer Diskussion der historischen Veränderungen in den belgischen Volkszählungsfragebögen werden wir zeigen, wie soziologische Beschreibungen des belgischen Nationalstaates zur Konstruktion *und* Destruktion bestimmter nationaler Identitäten beigetragen haben.

STAAT UND SPRACHE

In politischen Schriften wird häufig argumentiert, dass die moderne Politik der Bildung und Konsolidierung von Nationalstaaten in Europa auch eine Politik der kulturellen Homogenisierung beinhaltete. Charles Tilly zufolge war beispielsweise die zunehmende Homogenität der nationalen Bevölkerungen fast ausnahmslos ein wichtiges Ergebnis der Politik der Nationenbildung. Tilly stellte fest, dass „fast alle europäischen Regierungen schließlich Schritte unternahmen, die ihre Bevölkerungen homo-

---

[1] Deutsch und Luxemburgisch werden auch in Belgien gesprochen, vor allem im Osten und Südosten. Wir werden jedoch nicht auf diese Sprachen eingehen, da es im heutigen Belgien keine deutsch- oder luxemburgischsprachigen Hochschuleinrichtungen oder wissenschaftlichen Forschungseinrichtungen gibt.

genisierten: die Einführung von Staatsreligionen, die Vertreibung von Minderheiten wie den Mauren und den Juden, die Einführung einer Landessprache und schließlich die Organisation des öffentlichen Massenunterrichts" (1975, S. 43). Darüber hinaus fügte er hinzu, dass „das Scheitern der Homogenisierung die Wahrscheinlichkeit erhöhte, dass ein zu einem bestimmten Zeitpunkt bestehender Staat irgendwann in seine kulturellen Unterteilungen zerfallen würde" (1975, S. 44). In dieser historischen und politischen Perspektive ist die kulturelle Homogenisierung nicht nur eine Begleiterscheinung der Politik der Nationenbildung, sondern auch eine Voraussetzung für das Überleben des modernen Nationalstaates selbst.

In Kap. 2 haben wir bereits die frühneuzeitlichen und modernen Formen der Symbiose zwischen den entstehenden Nationalstaaten und Religion(en) erörtert. Im neunzehnten Jahrhundert setzte sich auch zunehmend die Vorstellung durch, dass Sprache und Territorium untrennbar miteinander verbunden sein müssten. Territoriale Ansprüche wurden häufig auf der Grundlage der Idee „ein Staat, eine Nation, eine Sprache" legitimiert. Eine standardisierte und einheitliche Sprache galt als Identifikationsmerkmal für einen bestimmten Staat; die Kenntnis „seiner" Sprache wurde zu einer entscheidenden Voraussetzung für die soziale Mobilität im Staat (z. B. Hobsbawm, 1992, S. 9; Anderson, 2006, S. 145). Der französische Priester und Politiker Henri Grégoire beispielsweise begann zur Zeit der Französischen Revolution, mit einem deutlichen Ziel den Unterricht der französischen Standardsprache in ganz Frankreich zu propagieren,: „fondre tous les citoyens dans une masse nationale".[2]

Wie im vorangegangenen Kapitel in Bezug auf Religion und politisch-religiöse Zugehörigkeit dargelegt, kann man behaupten, dass die sprachliche „Gemeinschaft" einer Nation eine erreichte oder imaginierte ist. Sie setzt sich aus Menschen zusammen, die sich als Sprecher derselben Sprache betrachten. Ihre Einheit hängt von „boundary work" ab. Michael Billig zum Beispiel bemerkt in diesem Sinne, dass „die Grenzen zwischen den Sprachen und die Klassifizierung der Dialekte der Politik der Staatsbildung gefolgt sind. Wo also nationale Grenzen gezogen werden, werden die Unterschiede in den Sprachmustern [...] als zu deutlich unterschiedlichen Sprachen gehörend angesehen" (2014, S. 33). Mit anderen Worten: Die Entstehung einer Sprachgemeinschaft ist das Ergebnis einer Poli-

---

[2] „alle Bürger zu einer nationalen Masse zu verschmelzen". Diese Passage wird von Peter Burke (2004, S. 10) zitiert.

tik der Staatsbildung. Diese Gemeinschaft ist sowohl inklusiv als auch exklusiv. Sie wird von Personen gebildet, die nicht nur gelernt haben, bestimmte sprachliche Unterschiede zu ignorieren, insbesondere die zwischen einzelnen „Dialekten" oder „Sprachvarianten", die auf dem Gebiet ihres Nationalstaats gesprochen werden, sondern auch andere Unterschiede mit „Fremden" oder „Ausländern", von denen man annimmt, dass sie anderen Nationalstaaten und anderen Gebieten angehören, zu hypostasieren. Bei dem Versuch, einen separaten und souveränen Nationalstaat zu gründen, definieren nationalistische Bewegungen oft zuerst eine Sprache als eigenständige Sprache, obwohl sie behaupten könnten, die Nation auf der Grundlage der Sprache zu schaffen, als ob letztere eine alte, „natürliche" Tatsache wäre (Brubaker, 2013; Billig, 2014; siehe auch Anderson, 2006).

Wie die moderne Geschichte Europas zeigt, hat sich jedoch nicht überall eine enge Verbindung zwischen territorialer und sprachlicher Einheit entwickelt. In verschiedenen Teilen Europas stießen die Politiken der kulturellen Homogenisierung auch auf großen Widerstand. Darüber hinaus gewann auch die sprachliche Vielfalt an Boden. Andere Sprachen, die auf dem Territorium des Staates verwendet werden oder wurden, konnten wiederbelebt werden. Beispiele hierfür sind die friesische, finnische, norwegische, luxemburgische oder flämische Bewegung. In verschiedenen Teilen Europas wurden im zwanzigsten Jahrhundert unterschiedliche Regelungen erfunden, um der sprachlichen und regionalen Vielfalt Rechnung zu tragen. Die sprachlichen Spannungen in Belgien mögen denen in anderen europäischen Ländern nicht unähnlich sein, aber sie sind durch eine eigene Dynamik gekennzeichnet.

Die sprachliche Vielfalt wirkte sich auch auf die Art und Weise aus, in der sich Belgien als moderner Nationalstaat verstand. Kurz nach seiner Unabhängigkeit nahm das neue Königreich mehrere individuelle Freiheiten in seine erste Verfassung auf, darunter die Freiheit der Sprachwahl.[3] Obwohl es keine eigene Sprache für sich beanspruchen konnte, konnte es seine mehrsprachige „Natur" nutzen, um sich sowohl von Frankreich als auch von den Niederlanden abzugrenzen – und damit seine Souveränität

---

[3] Am Ende des achtzehnten und am Anfang des neunzehnten Jahrhunderts haben sowohl die Franzosen (bis 1815) als auch die Niederländer (zwischen 1815 und 1830) auf dem heutigen belgischen Staatsgebiet bereits Sprachgesetze erlassen, die der modernen Idee „ein Staat, eine Nation, eine Sprache" entsprachen, wenn auch mit völlig unterschiedlichen Zielsetzungen.

gegen die revanchistische Politik und die territorialen Expansionsbestrebungen seiner beiden Nachbarländer zu verteidigen. Gleichzeitig hat Belgien aber auch Französisch als alleinige Amtssprache eingeführt.

Zu dieser Zeit genoss das Französische großes kulturelles Prestige. Es galt als die herausragende Sprache oder *Lingua franca* der europäischen Kultur, mit der weder das Flämische noch das Niederländische konkurrieren konnten. In den vorangegangenen Jahrhunderten hatten sich zudem in den europäischen Gebieten, in denen Niederländisch gesprochen wurde, erhebliche soziokulturelle Unterschiede herausgebildet. Nach der Reformation und Gegenreformation sowie den darauf folgenden Religionskriegen waren die katholischen südlichen Niederlande lange Zeit von den protestantischen nördlichen Provinzen abgeschottet worden. Die politisch-religiösen Konflikte hatten auch zu einer erheblichen Abwanderung aus dem Süden in den Norden geführt. Diese wirtschaftliche und intellektuelle Migration war nicht nur eine treibende Kraft hinter dem Goldenen Zeitalter der Niederlande, sondern auch eine der Hauptursachen für die Verarmung des Südens. Flandern erlebte im siebzehnten und achtzehnten Jahrhundert eine lange Zeit der sozialen und kulturellen Stagnation. Es wird allgemein betont, dass Flandern auch mehrere Jahrhunderte später große Schwierigkeiten hatte, sich von diesem Verlust an materiellem und menschlichem Kapital zu erholen. Es sollte daher nicht überraschen, dass Französisch in den 1830er-Jahren zur einzigen Amtssprache Belgiens wurde. „Bis weit ins 20. Jahrhundert hinein", so Roland Willemijns, „war Flämisch sein (und Niederländisch sprechen) gleichbedeutend mit arm sein oder sogar mit sozialem und kulturellem Rückstand" (2013, S. 24).

In den letzten Jahrzehnten des neunzehnten Jahrhunderts setzte eine Aufwertung des flämischen Niederländisch ein. Bis Anfang des zwanzigsten Jahrhunderts teilten Brüssel und die meisten Städte in der nördlichen Hälfte Belgiens, wie Antwerpen, Gent oder Brügge, dasselbe sprachliche Schicksal: Während die Mehrheit der Bevölkerung eine lokale Variante des flämischen Niederländisch sprach, war ein wichtiger Teil der gesellschaftlichen Elite zweisprachig und benutzte Französisch für den Großteil des offiziellen Austauschs. Viele „ehrgeizige" Flamen versuchten auch, Französisch zu beherrschen, da dies die einzige Sprache war, die einen sozialen Aufstieg ermöglichte. In einer Zeit, in der die Schulbildung rasch ausgebaut wurde, war die Attraktivität des französischsprachigen Teils des belgischen Schulsystems immens. In allen universitären Einrichtungen Belgiens, einschließlich derjenigen in den flämischen Städten Löwen und

Gent, war die Unterrichtssprache und die Sprache der Forschungspublikationen Französisch.

Nach dem Ersten Weltkrieg setzte sich jedoch auch *in* Flandern die Idee „eine Nation, eine Sprache" durch. Insbesondere stellte man sich Belgien zunehmend als ein Land vor, das aus zwei monolingualen Regionen besteht, die durch eine Sprachgrenze getrennt sind. Infolge zahlreicher rechtlicher und politischer Veränderungen änderte sich die Art des Zusammenlebens der verschiedenen Sprachgemeinschaften drastisch.[4] So wurde in der Zwischenkriegszeit in den Sprachgesetzen festgelegt, dass der flämische und der wallonische Teil Belgiens in niederländischer bzw. französischer Sprache regiert werden und die Einwohner von der Zentralregierung in diesen Sprachen angesprochen werden mussten. Um die anhaltenden territorialen und politischen Streitigkeiten zu lösen, wurden in den 1960er-Jahren einige grundlegende Verfassungsreformen durchgeführt. Die Sprachgrenze wurde 1962/1963 festgelegt, während die Verwaltungsstruktur der Provinzen, *Arrondissements* (Bezirke) und Gemeinden an die Sprachgrenze angepasst wurde, wodurch zwei einsprachige Gebiete (Flandern und Wallonien) und das offiziell zweisprachige Gebiet der Hauptstadt Brüssel im Zentrum des Landes geschaffen wurden.[5] Belgien ist seither auf sehr spezifische Weise föderalisiert worden; die Bevölkerungen in Flandern und Wallonien sind nun fest in unterschiedliche einsprachige Strukturen eingebunden.

In den 1960er-Jahren wurde die Sprachgrenze somit zu einer politisch-rechtlichen Realität. Sie ist heute die wichtigste interne Grenze, der alle anderen administrativen Abgrenzungen innerhalb Belgiens untergeordnet

---

[4] Unmittelbar nach dem Ersten Weltkrieg wurde das allgemeine Wahlrecht für belgische Männer eingeführt (für alle Frauen wurde das Wahlrecht erst nach dem Zweiten Weltkrieg eingeführt). Das neue System ersetzte ein plurales Wahlsystem, das die französischsprachige Elite begünstigt hatte. Mit dem neuen System verlagerte sich die politische Macht auf die Flamen.

[5] Da das Grundprinzip dieser Reform darin bestand, sprachlich homogene Verwaltungseinheiten zu schaffen, mussten mehrere Anpassungen vorgenommen werden, wobei 25 Gemeinden mit etwa 87.450 Einwohnern von Flandern nach Wallonien und 24 Gemeinden mit etwa 23.250 Einwohnern von Wallonien nach Flandern verlegt wurden. Einige Ausnahmen wurden für bestimmte Gemeinden in der Umgebung von Brüssel gewährt; in Gemeinden, in denen eine beträchtliche sprachliche Minderheit lebte, mussten Vorkehrungen getroffen werden, die es Mitgliedern dieser Minderheit ermöglichten, in ihrer eigenen Sprache mit den kommunalen Behörden zu kommunizieren und begrenzte Möglichkeiten für den Unterricht in ihrer eigenen Sprache zu erhalten (für eine lehrreiche Darstellung der soziolinguistischen „Probleme", siehe Willemyns, 2013, S. 164–170).

sind; sie fällt mit der Grenze zusammen, die die verschiedenen politischen, gerichtlichen und administrativen Zuständigkeiten trennt. Infolgedessen hat jede belgische Gemeinde seither einen spezifischen sprachlichen Status; die Amtssprache eines jeden Einwohners ist seitdem nicht mehr eine Frage der individuellen Wahl oder der persönlichen Fähigkeiten, sondern des Gebiets oder der Gemeinde, in der er oder sie lebt. Nur in der offiziell zweisprachigen Hauptstadt Brüssel gibt es keine verwaltungstechnische Abgrenzung zwischen den Sprechern beider Sprachen. (Es sollte daher nicht überraschen, dass die meisten der verbleibenden Sprachkonflikte innerhalb Belgiens durch die Komplexität der Entwicklungen und Beziehungen innerhalb Brüssels ausgelöst werden).

Sicherlich waren die Sprachkonflikte nie ein ausschließlich sprachliches Problem. Sie waren immer mit anderen Themen verwoben, wie z. B. mit politischen und wirtschaftlichen Veränderungen. In Belgien war das Wirtschaftswunder der Nachkriegszeit weitgehend auf die nördliche Region beschränkt. Ab den späten 1950er-Jahren ermöglichten rasche wirtschaftliche Veränderungen die Umwandlung dieser Region von einer vorwiegend landwirtschaftlich geprägten in eine hochindustrialisierte Region, die in der Lage war, die Wirtschaft zu dominieren. Im gleichen Zeitraum brach die industrielle Ausstattung Walloniens langsam zusammen und führte zu einer schweren sozioökonomischen Rezession, von der sie sich bis heute nicht erholt hat. Während die wirtschaftliche Dominanz der Wallonen lange Zeit mit der politischen Dominanz der Frankophonen in der belgischen Politik einherging, überlebten beide die 1950er- und 1960er-Jahre nicht (siehe auch Zolberg, 1976). In der zweiten Hälfte des zwanzigsten Jahrhunderts führten die wirtschaftlichen Erfolge Flanderns zu einer Aufwertung des „flämischen Niederländisch", nicht nur in Flandern, sondern auch in der zweisprachigen Hauptstadt Belgiens. Die oben erwähnten rechtlichen und politischen Änderungen konnten aus diesen wirtschaftlichen Veränderungen Kapital schlagen. Der zunehmende Reichtum Flanderns ermöglichte auch den Aufbau sprachlicher „Schutz"-Strukturen, die an eine Versäulung erinnern. Auch in Brüssel wurden sprachliche Schutzstrukturen geschaffen und aufrechterhalten, die es dem Einzelnen ermöglichten, als Einsprachige zu funktionieren. Diese Strukturen ermöglichten es dem „Minderheitensprecher", maximal von dem Prestigegewinn zu profitieren, den die niederländische Sprache im ganzen Land erlangt hatte. Mit den Worten des Brüsseler Soziolinguisten H. Baetens Beardsmore: „Schulen, Krankenhäuser, Wohlfahrtseinrichtungen, Kultureinrichtungen und Freizeiteinrichtungen wurden eingerichtet, um beide Gemeinschaften in ihrer eigenen Sprache zu bedienen. Somit wurde der institutionelle Druck zur Französisierung beseitigt und ... der Minderheitensprecher [konnte] seine ethnolinguistische Identität bewahren" (zitiert in Willemijns, 2013, S. 25).

Belgien hat sich so nach und nach in einen föderalen Staat verwandelt, der aus politischen Einheiten besteht, die sich auf der Grundlage der Sprache konstituieren. Die Regionalregierungen verfügen über weitreichende gesetzgeberische Befugnisse innerhalb ihres Territoriums. Die Politik der Nationenbildung findet nun hauptsächlich auf der Ebene der verschiedenen Regionen statt. Aus historischen Gründen sind die Bemühungen, das Bild und das Erbe dieser „Nation" zu verbreiten, in Flandern jedoch intensiver als in Wallonien. Wie wir im nächsten Abschnitt sehen werden, waren die Sozialwissenschaften an der Konstruktion dieser imaginierten Gemeinschaften beteiligt. Auch wenn diese Beteiligung oft im Verborgenen blieb, werden wir uns im Folgenden auf einige der Konflikte konzentrieren, die bei der Produktion dieser Bilder im Vordergrund standen. Anschließend werden wir erörtern, wie die sprachlichen und regionalen Unterschiede innerhalb Belgiens angefangen haben, die ideologischen Unterschiede zwischen den Säulen „umzuschreiben".

Verbotene Fragen

Um die Rolle der Sozialwissenschaften bei der Konstruktion von Bildern der Nationalität zu beleuchten, ist es sinnvoll, sich mit der historischen Variabilität offizieller, wissenschaftlich legitimierter Beschreibungen des Nationalstaates zu befassen. Wir untersuchen hier die Volkszählungen in Belgien und insbesondere die Art und Weise, wie die Verbindung zwischen Nation und Sprache in diesen Zählungen seit der Mitte des neunzehnten Jahrhunderts artikuliert wurde (Louckx, 2017a, b). Die Geschichte der Sprachzählung kann nicht nur Aufschluss darüber geben, wie sich die Vorstellung von Belgien im Laufe der Zeit verändert hat. Obwohl man davon ausgeht, dass Statistiken die Sozialpolitik informieren und verbessern helfen, kann die Geschichte der Organisation dieser Zählung auch ein Licht auf die komplexen Wechselwirkungen zwischen Sozialwissenschaft, Politik und Gesellschaft werfen.

Die Rolle von Adolphe Quetelet bei der Entwicklung sozialwissenschaftlicher Instrumente zur Überwachung des Nationalstaates wurde bereits in Kap. 1 erwähnt. Im Jahr 1841 wurde Quetelet Präsident der neu gegründeten belgischen nation*alen* Statistikkommission *(Commission*

Centrale de Statistique). Er war für die Volkszählungen in Belgien in den Jahren 1846, 1856 und 1866 verantwortlich. Nach Quetelet wurden diese Instrumente zur Beschreibung, Messung und Kontrolle der Bevölkerung in Belgien weiterhin regelmäßig, meist alle zehn Jahre, eingesetzt. Sie waren auch in anderen Teilen der Welt sehr einflussreich. Die verschiedenen Tagungen des von Quetelet 1853 gegründeten *Congrès International de Statistique* haben zu einer raschen weltweiten Verbreitung einer breiten Palette von methodischen Standards und einheitlichen Klassifikationen für die Sozialstatistik geführt (z. B. Curtis, 2002).

Wie sind die Statistiker mit den üblichen, weit verbreiteten Darstellungen von „Zugehörigkeit" zurechtgekommen? Wie in Kap. 2 erwähnt, erwies es sich als schwierig, die Religionszugehörigkeit in Belgien zu zählen. Die erste Volkszählung von 1846 enthielt zwar ein Item zur Religionszugehörigkeit, aber keine der folgenden Volkzählungen nahm dieses Item wieder auf. 1846 kam man zu dem Schluss, dass fast die gesamte Bevölkerung (>99 %) dem Katholizismus angehörte. Die „freidenkerischen" Liberalen stellten jedoch sowohl dieses Ergebnis als auch die Aufnahme des Items in die Volkszählung in Frage. Sie argumentierten, dass die meisten Einwohner es nicht wagen würden, sich als Ungläubige zu bekennen, wenn der Katholizismus als offizielle Religion Belgiens dargestellt würde. Sie argumentierten außerdem, dass die Angabe über die Religionszugehörigkeit einen Eingriff in die Privatsphäre darstelle. Nach 1846 wagten es die belgischen Statistiker offenbar nie wieder, eine Selbstdarstellung des Nationalstaats auf der Grundlage der Religion vorzunehmen.[6]

Interessanterweise enthielt die belgische Volkszählung jedoch während eines Zeitraums von etwa hundert Jahren, von 1846 bis 1947, ein Item zur Sprache. Nur im Jahr 1856 fehlte dieses Item in der Volkszählung. Sowohl die Religionszugehörigkeit als auch die Sprache verschwanden somit aus dem Fragebogen der Volkszählung von 1856. Im Gegensatz zur Frage nach der Religionszugehörigkeit kehrten Sprache und sprachliche Vielfalt jedoch in den nächsten Volkszählungen zurück. Aber wie wurden die sprachlichen Fragen formuliert? Wie wirft die Variabilität dieser Items

---

[6] Gleichzeitig drängten die Liberalen jedoch auf Informationen über religiöse Professionellen und deren Arbeit in Schulen und Krankenhäusern. Sie strebten einen Überblick über die zahlenmäßige Stärke der „heiligen Miliz" der katholischen Kirche an. Trotz großer Proteste seitens der Katholiken wurden bei der Volkszählung von 1856 bis 1947 die Mitglieder und Aktivitäten aller religiösen Orden und Kongregationen gesondert gezählt (Vanderstraeten, 2002; Louckx, 2017b).

ein Licht auf die Geschichte der *relevanten* Unterscheidungen in diesem offiziellen, wissenschaftlich legitimierten Diskurs über den belgischen Nationalstaat? Um die Artikulation der Verbindung zwischen Sprache und Nation in den belgischen Volkszählungen zu erörtern, werden wir uns nicht mit den Längsschnittreihen der „gedruckten Zahlen" befassen, sondern mit der Geschichte der statistischen Konventionen, die zur Zählung und Klassifizierung der Bevölkerung verwendet wurden.

In der ersten Volkszählung definierten die belgischen Sozialstatistiker die Sprache als eines der unveränderlichsten Unterscheidungsmerkmale der menschlichen Populationen (B 1846, S. XXXVI–XXXVII).[7] Die Volkszählung umfasste insbesondere eine Frage nach der *gewöhnlich gesprochenen Sprache*. Die Personen wurden gebeten, die von ihnen am häufigsten verwendete Sprache anzugeben. Es wurden keine Optionen vorgegeben; die Befragten konnten eine beliebige Sprache angeben. In den zusammenfassenden Tabellen mit den Ergebnissen haben die Statistiker die Daten dann in die folgenden Kategorien eingeteilt: Französisch oder Wallonisch (eine Variante des Standardfranzösischen), Flämisch oder Holländisch (eine Variante des Flämischen), Deutsch, Englisch und andere Sprachen. Aus den vorgelegten Zahlen geht hervor, dass die Mehrheit der belgischen Bevölkerung entweder Französisch oder Flämisch sprach, während in Teilen der belgischen Provinz Luxemburg (im Südosten Belgiens) Deutsch (oder „Luxemburgisch") gesprochen wurde. Insgesamt gab es mehr flämischsprachige als französischsprachige Einwohner – ein Verhältnis von etwa 4:3. Die Statistiker betonten zwar die verbindende Kraft einer gemeinsamen Sprache, kamen aber auch zu dem Schluss, dass die Trennlinie zwischen der französisch- und der flämischsprachigen Bevölkerung ein Symptom für eine grundlegende soziale Spaltung innerhalb der belgischen Bevölkerung sei [*le peuple belge se trouve divisé sous le rapport du langage parlé*].

Der Fragebogen der Volkszählung von 1856 enthielt keine Sprachangabe. Ab 1866 wurde jedoch ein neuer Versuch unternommen, die sprachliche Identität der auf belgischem Gebiet ansässigen Bevölkerung zu erfragen. Die belgischen Statistiker formulierten auch die Frage neu.

---

[7] Um den Text zu entlasten, beziehen wir uns auf die belgischen Volkszählungsberichte mit dem Buchstaben B, gefolgt von dem Jahr, in dem die Volkszählung durchgeführt wurde. Dabei ist auch zu berücksichtigen, dass Französisch lange Zeit die einzige offizielle Sprache Belgiens war. Bis 1930 wurden alle Volkszählungsberichte ausschließlich in französischer Sprache verfasst. Für detailliertere sozio-historische Analysen der belgischen Staatsstatistik siehe Louckx (2014, 2017a, b) und Louckx und Vanderstraeten (2014, 2015).

Im Jahr 1866 ging es nicht mehr darum, Daten über die *Vielfalt* der im Land gesprochenen Sprachen zu sammeln. Stattdessen begannen die Statistiker, Informationen über die *Fähigkeit* der Bürger zu sammeln, Französisch, Flämisch oder Deutsch zu sprechen. Obwohl Französisch nach wie vor die einzige Amtssprache in Belgien war, bezeichneten die Statistiker nun die in Belgien am häufigsten gesprochenen Sprachen – Französisch oder Wallonisch, Flämisch oder Holländisch, (Nieder-)Deutsch oder Luxemburgisch – als die „Nationalsprachen" des Landes (z. B. B 1866, S. XII; B 1880, S. XLIX; B 1890, S. CL; B 1900, S. CLXX). Zur gleichen Zeit begannen die belgischen Statistiker auch, Daten über den Gebrauch oder die Kenntnis von „Fremdsprachen" wie Englisch, Italienisch oder Latein nicht weiter zu verarbeiten. Personen, die keine der Landessprachen sprechen konnten, mussten nicht angeben, welche Sprachen sie beherrschten; sie wurden einfach in die Restkategorie der „Einwohner, die keine der drei Sprachen sprechen" eingeordnet (z. B. B 1866, S. XLII; B 1880 S. LXXXV; B 1890, S. CXXII; B 1900, S. CLVI; B 1910, S. 105).

Ab 1866 wurden die Bürger auch gebeten, anzugeben, *welche* und *wie viele* der belgischen Landessprachen sie üblicherweise verwendeten. Die Daten konnten also nicht nur dazu verwendet werden, die Stärke der verschiedenen einsprachigen Blöcke innerhalb des Staates zu bestimmen. Die Statistiker begannen auch, sich für die Häufigkeit der Zwei- und Dreisprachigkeit zu interessieren. In der zweiten Hälfte des 19. Jahrhunderts, als ein zweisprachiger Status für Flandern angestrebt wurde, um der Dominanz der französischen Sprache entgegenzuwirken, wurden diese Ergebnisse häufig von Flamen verwendet (Witte & Van Velthoven, 2011, S. 63, S. 222).

Ab 1910 fragten die belgischen Volkszähler zwar weiterhin nach den gesprochenen Landessprachen, aber sie begannen auch, denjenigen, die mehr als eine Sprache nannten, eine zweite Frage zu stellen, nämlich welche Sprache sie *am häufigsten* verwendeten. Diese Zusatzfrage wurde auf Wunsch der Flamen hinzugefügt, die zweisprachige Personen identifizieren wollten, die Flämisch als ihre Hauptsprache beibehielten (Arel, 2002, S. 106). In den zusammenfassenden Tabellen über den sprachlichen Zustand der Nation wurden die zwei- oder dreisprachigen Einwohner anschließend jedoch zwei- oder dreimal gezählt. Dies bedeutete zum Beispiel, dass flämischsprachige Einwohner mit Französischkenntnissen sowohl zur flämisch- als auch zur französischsprachigen Bevölkerung gezählt wurden (z. B. B 1910, S. 203; B 1920, S. 63; B 1930/2, S. 14).

Bereits 1880 hatten die Statistiker begonnen, ihre Zweifel an der Vollständigkeit und Richtigkeit der Sprachzählung zu äußern (z. B. B 1880, S. LXXXIII; siehe auch B 1890, S. CXI, S. CXXIX). Diese Zweifel spiegeln die Besorgnisse wider, die bereits bei der Religionszählung von 1846 geäußert wurden, führten jedoch nicht zur Aufgabe der Sprachzählung. Stattdessen wurden die Volkszähler angewiesen, die Antworten auf die Frage nach der Sprache doppelt zu überprüfen. Es wurden Sanktionen verhängt, um Personen zu bestrafen, die versuchten, falsche Angaben zu machen. Die belgischen Statistiker erklärten jedoch auch ausdrücklich, dass sie nicht glaubten, dass diese Maßnahmen die erhofften Ergebnisse brachten. Zu Beginn des zwanzigsten Jahrhunderts führten sie insbesondere die Zunahme falscher Sprachangaben an, um den Rückgang der Zahl der zweisprachigen Flamen zu erklären (z. B. B 1910, S. 203–204; B 1920, S. 64).

Wie aus diesen offiziellen Zweifeln und Sanktionen hervorgeht, stieß die Sprachenfrage vor allem im flämischen Teil des Landes auf großen Widerstand. In Bezug auf die Zweisprachigkeit gab es keine Symmetrie. Die französischsprachigen Belgier lehnten die Zweisprachigkeit häufig ab, da das Flämische oft als minderwertig und somit als nicht erlernenswert angesehen wurde. Nur von der flämischen Bevölkerung wurde erwartet, dass sie zweisprachig war. Außerdem wurde der Wechsel der Sprache vom Flämischen zum Französischen oft noch als Voraussetzung für den sozialen Aufstieg gesehen. Vor diesem Hintergrund ging man im flämischen Teil Belgiens zunehmend davon aus, dass die Daten der Sprachzählung die Zahl der Französischsprechenden im Lande überschätzten (siehe Levy, 1960, 1964; Verdoodt, 1977; Louckx, 1982). In der Zeit um 1900 wurde die Zweisprachigkeit zunehmend als Übergangsstadium von der flämischen zur französischen Sprache in Flandern betrachtet. Zu Beginn des zwanzigsten Jahrhunderts wurden die Konflikte um die Volkszählung zum Katalysator für Regionalisierungsprozesse innerhalb Belgiens.

Es muss hinzugefügt werden, dass die „Nationalisierung" der in Belgien gebräuchlichen Sprachen von Prozessen der Standardisierung und Homogenisierung abhing. 1880 wurden die Volkszähler ausdrücklich angewiesen, Wallonisch als eine Varietät des Französischen, Niederländisch oder Holländisch als Varietäten des Flämischen und Niederdeutsch oder Luxemburgisch als Varietäten des Deutschen zu betrachten. Ab der Volkszählung von 1890 erschienen in den Volkszählungsberichten nur noch Französisch, Flämisch und Deutsch als Rubriken. Diese Homogenisierung bereitete in Wallonien keine Probleme, da die romanischen Varietäten als

Dialekte der angesehenen französischen Sprache betrachtet wurden. In Flandern war die soziolinguistische Situation jedoch eine andere. Im Laufe des neunzehnten Jahrhunderts standen die bereits erwähnten religiösen Unterschiede einer engeren sprachlichen Zusammenarbeit zwischen Flandern (Flämisch) und den Niederlanden (Niederländisch) noch im Wege. Im römisch-katholisch geprägten Flandern war der Widerstand gegen eine gemeinsame flämisch-niederländische Standardsprache zumindest teilweise durch die Angst vor einem möglichen protestantischen Einfluss aus den Niederlanden begründet.

Zu Beginn des 20. Jahrhunderts hatte sich die flämische Bewegung jedoch stärker auf die Niederlande ausgerichtet. Die Identifizierung der flämischen Varietäten mit der niederländischen Amtssprache war eine Möglichkeit, das Prestige und damit die Position des Niederländischen (Flämischen) gegenüber dem Französischen in Belgien zu stärken (Vogl & Hüning, 2010, S. 238; Hüning, 2013). In den Jahren vor dem Ausbruch des Zweiten Weltkriegs wurde es allmählich üblich, von Niederländisch anstelle von Flämisch zu sprechen. Die Fragebögen der Volkszählung wurden entsprechend angepasst. Aufgrund des Ausbruchs des Zweiten Weltkriegs konnte die Volkszählung 1940 nicht durchgeführt werden. Die nächste belgische Volkszählung fand erst im Jahr 1947 statt. Doch nun wurde die Bezeichnung Flämisch durch die Bezeichnung Niederländisch ersetzt. Flämisch wurde nun als eine Variante des Niederländischen definiert.

In der Mitte des zwanzigsten Jahrhunderts wurde der Widerstand gegen die Volkszählung durch die Pläne der Regierung ausgelöst, die Ergebnisse der Sprachzählung zu nutzen, um das „Sprachenregime" der Gemeinden zu bestimmen. Die vorläufigen Ergebnisse der Zählung von 1947, die auf eine „Französisierung" Brüssels und einer Reihe anderer Gemeinden hindeuteten, wurden in Flandern heftig angefochten. Auch die daraus resultierende „Marginalisierung" des flämischen Niederländisch wurde beklagt. Daher wurde Druck aufgebaut, um eine verfassungsmäßige Sprachgrenze zwischen den niederländisch- und französischsprachigen Regionen in Belgien fest zu legen. Aufgrund dieser Kontroversen sah sich die Regierung gezwungen, eine Reihe von Entscheidungen zu treffen. Sie verschob nicht nur die nächste Volkszählung auf 1961, sondern strich auch alle Sprachfragen aus der Volkszählung und allen anderen staatlich finanzierten Erhebungen. Darüber hinaus wurde 1962/1963 die Sprachgrenze im Rahmen einer größeren politischen Vereinbarung festgelegt.

Belgien hat sich also *nicht* zu einem zweisprachigen Nationalstaat entwickelt, sondern besteht nun aus verschiedenen einsprachigen Regionen und einer offiziell zweisprachigen Hauptstadt (Brüssel). Um dieses komplexe Gefüge zu stabilisieren, ist das, was *nicht* gezählt wird, offenbar ebenso wichtig wie das, was gezählt wird. Seit Mitte des zwanzigsten Jahrhunderts werden in Belgien keine offiziellen Sprachzählungen mehr durchgeführt, obwohl ein regionalistischer Diskurs, der von Zahlen und deren Interpretation (richtig/falsch) dominiert wird, immer noch allgegenwärtig ist.[8] In den letzten Jahrzehnten sind die Regionen zu unterschiedlichen Welten geworden. Die Sprachgrenze ist als natürliche Tatsache akzeptiert worden. Diese „Naturalisierung" der Regionen hat die jüngste Geschichte der akademischen Systeme im Allgemeinen und der Soziologie im Besonderen bestimmt. Auf beiden Seiten der Sprachgrenze haben sich verschiedene soziologische Gemeinschaften gebildet. Diese Gemeinschaften nutzen Daten über unterschiedliche, d. h. flämisch- oder französischsprachige Bevölkerungen. Im Laufe dieses Prozesses konnten die sprachlichen und regionalen Unterschiede die politisch-religiösen Unterschiede überschreiben und neu definieren.

Verschiedene Welten

In einer vergleichenden Studie des englischen Sozialreformers B. Seebohm Rowntree über die sich verändernde Wirtschaftsstruktur Belgiens, die vor mehr als einem Jahrhundert veröffentlicht wurde, findet sich folgende, nicht untypische Beschreibung der Unterschiede zwischen dem nördlichen und dem südlichen Teil Belgiens: „Eine bemerkenswerte gerade Demarkationslinie durchzieht das Land von Osten nach Westen und teilt es in zwei Teile, die praktisch gleich groß und gleich bevölkert sind und von zwei verschiedenen Völkern bewohnt werden, jedes mit seiner eigenen Sprache und seinen rassischen Merkmalen [sic]. Im Norden befinden sich die Flamen mit ihrem germanischen Dialekt, im Süden die Wallonen, die Französisch oder ein lateinisches Patois sprechen; und diese unsichtbare Grenze ist so deutlich, dass mit Ausnahme von Brüssel kein Bezirk auf beiden Seiten zweisprachig ist" (1911, S. 14). Rowntree zu-

---

[8] Die Wahlergebnisse werden nun manchmal als Indikator für den Anteil der verschiedenen Sprachgemeinschaften herangezogen. Für die zweisprachige Region Brüssel und einige der umliegenden Gemeinden werden auch Schätzungen auf der Grundlage der Sprache vorgenommen, in der Personalausweise oder Führerscheine ausgestellt werden.

folge stellt diese „rassische" Divergenz jedoch keine Gefahr für das nationale Projekt Belgiens dar. „Wie kommt es, dass in Belgien zwei verschiedene Rassen Seite an Seite als eine Nation leben? Warum haben sie sich immer wie durch eine magnetische Anziehungskraft aneinander geklammert? Warum ist nicht jede Rasse zu der ethnologischen Gruppe zurückgekehrt, aus der sie hervorgegangen ist, die Flamen zu den Germanen und die Wallonen zu den Lateinern?" (1911, S. 17).

Rowntree zufolge gingen einige der rassischen Unterschiede in Belgien mit sozioökonomischen Unterschieden einher. „Diese [flämische] Rasse, groß, kräftig und schön, im Wesentlichen praktisch veranlagt und vielleicht ein wenig phantasielos, hat jahrhundertelang danach gestrebt, trotz fast unüberwindlicher Hindernisse zu landwirtschaftlichem Wohlstand zu gelangen ... Obwohl er [der Flame] in seinen Methoden durch die Routine etwas eingeschränkt ist und neue Ideen nur langsam aufgreift, ist er ein geborener Landwirt" (1911, S. 18). Der Wallone hingegen „ist so lebhaft wie ein Franzose, und die Kirche hat wenig Einfluss auf ihn. Er lernt schneller als der Flame und ist insgesamt besser ausgebildet. Sein Geist ist weniger stereotyp, und er nimmt neue Ideen bereitwilliger an. Die Unterschiede zwischen den beiden Rassen werden durch die Tatsache verstärkt, dass der Anteil der in der Industrie beschäftigten Personen im Gegensatz zur Landwirtschaft im Süden Belgiens wesentlich größer ist als in den flämischen Teilen. Fast die gesamte belgische Kohle- und Eisenindustrie mit der dazugehörigen Metallindustrie befindet sich im Süden, so dass die Einflüsse, die auf den Geist der Wallonen wirken, eher die der Stadt als die des Landes sind" (1911, S. 19).

Obwohl Rowntree von der „seltsamen Anomalie Belgiens" (1911, S. 14) spricht, stellen die „rassischen" Unterschiede zwischen Flamen und Wallonen kein Hindernis für die Einheit Belgiens dar (siehe auch Pirenne, 1900). Rowntree stellt diese Unterschiede den politisch-religiösen Gegensätzen in Belgien gegenüber. Er ist der Ansicht, dass das System der ideologischen Segmentierung und Versäulung eine ernsthafte Bedrohung für die Einheit Belgiens darstellt; insbesondere stellt er die Einmischung der katholischen Kirche in fast alle Bereiche und Phasen des gesellschaftlichen Lebens in Frage.[9] Die Rassenunterschiede innerhalb Belgiens bezeichnet

---

[9] Rowntree sah die Versäulung wie folgt: „Eine Tatsache im Zusammenhang mit der belgischen Parteipolitik, die einem Außenstehenden auffällt, ist die tiefe Spaltung, die sie in die gesamte soziale Struktur trägt. Es gibt außerordentlich wenig sozialen Verkehr zwischen Katholiken und Liberalen, und praktisch keinen zwischen Katholiken und Sozialisten. Die

er dagegen als „eine Quelle der Stärke": „Die Eigenschaften der beiden Rassen ergänzen sich weitgehend, die eine liefert, was der anderen fehlt" (1911, S. 20). Trotz seiner Sorge um die Rassenunterschiede innerhalb Belgiens betonte Rowntree also die Einheit des belgischen Nationalstaats und seiner Bevölkerung.

Wenn auch mit anderen Implikationen, tauchte diese rassistische Sprache während des Ersten Weltkriegs wieder auf, als die deutschen Besatzer versuchten, Belgien entlang sprachlicher und rassischer Grenzen zu teilen. Ihre *Flamenpolitik*, die den Separatismus in Flandern förderte, stützte sich auf umfassendere pangermanische Ideale. Im Rahmen dieser Flamenpolitik wurde 1916 in Gent die erste rein niederländischsprachige Universität in Belgien gegründet. Sie sollte die staatliche Universität Gent ersetzen, die zu Beginn des Ersten Weltkriegs geschlossen worden war. Sie wurde gemeinhin als Von-Bissing-Universität bezeichnet – nach dem deutschen Militärgeneralgouverneur von Belgien von 1914 bis 1917, der einer der Hauptbefürworter der Flamenpolitik war. Die Mitgliedschaft in der Von-Bissing-Universität war jedoch umstritten, sowohl bei den Professoren als auch bei den Studenten. Die Einrichtung blieb deutlich kleiner als die Staatliche Universität Gent; sie hatte nie mehr als 400 Studenten (Vanacker, 2006; Dumoulin, 2010).

Nach dem Ersten Weltkrieg verursachte die deutsche Flamenpolitik einen schweren Rückschlag für die flämische Bewegung. Die Staatliche Universität Gent zum Beispiel wurde nach dem krieg wiedereröffnet, aber Französisch wurde wieder zur Unterrichtssprache. Wie bereits erwähnt, wurde jedoch in den 1920er- und 1930er-Jahren durch eine Reihe von Sprachengesetzen der Grundsatz der regionalen Einsprachigkeit in Belgien eingeführt. Im Zuge dieser Änderungen wurde die Universität Gent 1930 (wieder) zu einer ausschließlich niederländischsprachigen Universität. In Löwen und Brüssel wurden die Privatuniversitäten in der Zeit

---

Politik spielt in fast jeder Phase sozialer Aktivitäten und philanthropischer Bemühungen eine Rolle, und es ist eher die Ausnahme als die Regel, dass Personen, die unterschiedliche politische Meinungen vertreten, in anderen Angelegenheiten zusammenarbeiten. So gibt es in einer Stadt eine katholische, eine liberale und eine sozialistische Gewerkschaft, eine katholische, eine liberale und eine sozialistische Bäckereigenossenschaft, eine katholische, eine liberale und eine sozialistische Sparsamkeitsgesellschaft, die sich alle um ähnliche Menschen kümmern, sich aber jeweils auf die Mitglieder ihrer eigenen politischen Partei beschränken. Die Trennung erstreckt sich auf Cafés, Gymnasien, Gesangs-, Abstinenz- und Literaturvereine, ja sie zieht sich durch das ganze Leben" (1911, S. 24). Das Ausmaß dieser Spaltung hat später auch andere soziologische Beobachter überrascht (z. B. Fox, 1979).

zwischen den beiden Weltkriegen zu zweisprachigen Universitäten, die im Rahmen einer begrenzten Anzahl von Lehrplänen sowohl französische als auch niederländische Kurse anbieten könnten (siehe z. B. Verhoeven, 1982).

Im Zweiten Weltkrieg zielte Adolf Hitlers Version der Flamenpolitik erneut darauf ab, die innerbelgischen Konflikte zu verschärfen und die deutschen Besatzer im Norden Belgiens zu unterstützen. Das Dritte Reich erließ auch Gesetze zum Schutz und zur Förderung der niederländischen Sprache in Belgien. Die Nationalsozialisten hatten jedoch nicht die Absicht, die Schaffung eines unabhängigen flämischen Staates zuzulassen; sie strebten vielmehr die vollständige Annexion Flanderns (und auch der Niederlande) als „rassisch germanische" Teile von Hitlers Großgermanischem Reich an. Während flämische Nationalisten häufig die Kollaboration als Mittel zu mehr Autonomie oder Unabhängigkeit begrüßt hatten, wurde die Zugehörigkeit zur flämischen Bewegung nach dem Krieg oft mit einer Kollaboration mit dem Feind gleichgesetzt. In den Jahren nach dem Zweiten Weltkrieg führte dies zu einem weiteren schweren Rückschlag für die flämische Bewegung.

Aber auch im frankophonen Teil Belgiens gab es Kollaboration. So waren beispielsweise zwei prominente Wissenschaftler, Hendrik de Man und Paul de Man, in die Zusammenarbeit mit Nazi-Deutschland verwickelt und verbreiteten antisemitisches Gedankengut. Hendrik de Man (1885–1953), der sich in der Zwischenkriegszeit an der University of Washington in Seattle (USA) und an der Universität Frankfurt (Deutschland) mit Sozialpsychologie und Soziologie beschäftigt hatte (z. B. de Man, 1926), war in den 1930er-Jahren in der belgischen Arbeiterpartei politisch aktiv. Er war der Autor des „Plan de Man", einer Doktrin und eines Plans zur Überwindung der aufeinander folgenden Krisen des Kapitalismus. Er befürwortete auch Hitlers expansionistische Politik. Im Zweiten Weltkrieg, während der deutschen Besatzung, war er über ein Jahr lang *de facto* Premierminister von Belgien. Seine „belgischen" Ansichten brachten ihn jedoch auch in Konflikt mit den Nazi-Behörden und flämischen Nazi-Kollaborateuren. Sein Neffe Paul de Man (1919–1983) wurde in der zweiten Hälfte des 20. Jahrhunderts zu einem der führenden Vertreter des Dekonstruktivismus in den USA. Nach seinem Tod wurde aber festgestellt, dass Paul de Man während des Zweiten Weltkriegs zahlreiche Artikel für die belgische Kollaborationszeitung *Le Soir* verfasst hatte, von denen einige antisemitisches Gedankengut enthielten (de Graef, 1993).

In den Jahrzehnten nach dem Zweiten Weltkrieg gewann die flämische Bewegung in Belgien wieder an Schwung. Zwar wurde die Sprachgrenze Anfang der 1960er-Jahre vereinbart und in die Verfassung aufgenommen, doch die offizielle Abgrenzung der Sprachregionen brachte die soziolinguistischen Konflikte nicht zum Erliegen. Die bereits erwähnte „Löwenfrage" wurde zu einem wichtigen Katalysator für die Regionalisierung. In der zweiten Hälfte der 1960er-Jahre wurde die Katholische Universität Löwen häufig als eines der Hauptplätze des französischen Einflusses in Flandern wahrgenommen. Obwohl sie in der Zwischenkriegszeit zu einer zweisprachigen Universität geworden war, zog sie weiterhin viele französischsprachige Professoren und Studenten an. Aus der Sicht der flämischen Bewegung wurde sie zum „störenden Symbol" der französischsprachigen Präsenz in Flandern. Dabei ist auch zu berücksichtigen, dass die Universität Löwen zu dieser Zeit mehr Studenten zählte als alle anderen Universitäten Belgiens zusammengenommen.[10]

1968 kam es in zahlreichen Ländern und an zahlreichen Universitäten zu Studentenprotesten. Während diese Proteste in Belgien und insbesondere in Löwen weitgehend die gleichen Ziele verfolgten, war ein Element anders: Flämische Studenten und Professoren protestierten gemeinsam gegen die Präsenz einer (teilweise) französischsprachigen Universität in Flandern. Bei den Demonstrationen machten sie häufig von Slogans wie „Leuven Vlaams" und „Walloons out" Gebrauch. Ihr Protest setzte die belgische Regierung schließlich so unter Druck, dass sie zum Rücktritt gezwungen war. Die Neuwahlen brachten einen Sieg für die Befürworter der Verlegung des französischsprachigen Teils der Katholischen Universität Löwen. Darüber hinaus wurde nicht nur die Katholische Universität Löwen in zwei verschiedene einsprachige Einrichtungen aufgeteilt. Kurz darauf wurde auch die Forderung nach einer Teilung der Universität Brüssel in zwei autonome einsprachige Abteilungen, eine französische und eine niederländische, erhoben. Im Jahr 1970 wurden beide Universitäten offiziell in zwei Teile geteilt.

---

[10] Die Demokratisierung des Sekundarschulwesens und die Ausweitung des Systems der Studienfinanzierung für das Hochschulwesen führten in den 1940er- und 1950er-Jahren zu einem beispiellosen Anstieg der Studierendenzahlen. In seinem Bericht an die Bischöfe über das erste akademische Nachkriegsjahr 1945–1946 sprach der *Rector magnificus* Honoré van Waeyenbergh von einem „Rekord" von 7600 Immatrikulationen; im letzten Jahr seiner Amtszeit, 1961–1962, hatte sich diese Zahl auf rund 14.900 fast verdoppelt, davon waren fast 2900 Frauen (siehe Tollebeek & Nys, 2006, S. 13).

Die „Löwenfrage" betraf auch die Strukturen der Versäulung. Die belgischen Bischöfe, die die höchste Autorität der Katholischen Universität Löwen waren, versuchten lange, ihre Universität in ihrer bestehenden, einheitlichen Form zu erhalten. So wie ihre Kirche ungeteilt sein musste, so musste auch ihre Universität ungeteilt sein. In diesem Sinne war die Teilung der Universität auch ein Zeichen für die neue Vorherrschaft der sprachlichen Identität gegenüber der religiösen Identität. Die belgischen Bischöfe erzielten aber einen gewissen Erfolg. Nach der Teilung der alten *Alma Mater* und der Gründung zweier einsprachiger katholischer Universitäten behielt jede den Namen der alten Institution in ihrer eigenen Sprache, Französisch oder Niederländisch, bei. Jede von ihnen verwendete auch dieselbe englische Übersetzung dieses Namens. Es überrascht jedoch nicht, dass es auch innerhalb Belgiens zu zahlreichen Konflikten zwischen den beiden katholischen Universitäten kam. Das erzwungene Exil von Leuven wurde von den frankophonen Akademikern nicht ohne Weiteres akzeptiert. Das Verhältnis zwischen den beiden Universitäten blieb viele Jahre lang umstritten – bis eine neue Generation die alte abgelöst hatte. Der Kampf um die Aufteilung der Bücher- und Zeitschriftensammlungen in der Zentralbibliothek der Universität nahm legendäre Ausmaße an (für weitere Einzelheiten siehe die ersten Kapitel in Tollebeek & Nys, 2006). Insgesamt führte die „Löwenfrage" zu einem wachsenden Antagonismus zwischen Flandern und Wallonien, einer schwindenden belgischen Nationalidentität und der Umwandlung des belgischen Einheitsstaates in ein föderales Gebilde auf der Grundlage von Sprachgrenzen und Sprachregionen.

Seit 1970 haben mehrere Verfassungsreformen die Machtverteilung zwischen der nationalen und der regionalen Ebene verändert. Bei den meisten Reformen wurden nicht ganze Politikbereiche an die Regionen übertragen, sondern die meisten Politikbereiche zwischen der regionalen und der nationalen Ebene aufgeteilt, wobei die nationale Regierung die Befugnis hat, Normen festzulegen und allgemeine politische Entscheidungen zu treffen. Die Identifikation mit der nationalen Ebene ist jedoch schwach geworden.[11] Die Regionen haben ihre eigene Dynamik

---

[11] Die Geschichte von SABENA, der nationalen belgischen Fluggesellschaft von 1923 bis Ende 2001, ist ein aufschlussreiches Beispiel für die Schwäche des heutigen belgischen Bundesstaates. Im Jahr 2001, kurz nach den Anschlägen vom 11. September in den USA, ging SABENA in Konkurs. Obwohl eine Reihe anderer Fluggesellschaften zu dieser Zeit ebenfalls mit ernsthaften wirtschaftlichen Problemen zu kämpfen hatten, konnten die meisten Länder ihre nationalen Fluggesellschaften aufrechterhalten. In den meisten Teilen der

entwickelt, während sie gleichzeitig versuchen, sich als sprachlich homogene Bevölkerungen, als Nationalstaaten mit eigenem Recht zu etablieren. Sie sind zu unterschiedlichen imaginären Gemeinschaften geworden, die auf dem Ideal „ein Staat, eine Nation, eine Sprache" aufbauen (Louckx, 2017a). Diese Veränderungen haben zu einer Neudefinition der bestehenden politisch-religiösen oder ideologischen Unterschiede geführt. Auf beiden Seiten der Sprachgrenze haben sich auch unterschiedliche soziologische Gemeinschaften herausgebildet.

Die Komplexität dieser historischen Prozesse ist von den belgischen Soziologen bisher kaum untersucht worden. Nur wenige Soziologen haben es gewagt, sich mit der Entstehung und dem Wandel der offiziell homogenen Sprachgemeinschaften oder -gebiete zu befassen. Albert Verdoodt (1925–2011), ein Priester, der an der Universität Louvain-la-Neuve tätig war, widmete in seinem wissenschaftlichen Werk der Sprachsoziologie im Allgemeinen und den Problemen verschiedener sprachlicher Minderheiten, wie den französischsprachigen Einwanderern in Deutschland und im Großherzogtum Luxemburg im Besonderen große Aufmerksamkeit (z. B. Verdoodt, 1971, 1977; Verdoodt & Kjolseth, 1976). Fred Louckx (°1951) konzentrierte sich in seiner innovativen Dissertation, die an der Flämischen Freien Universität Brüssel unter der Leitung des niederländischen (!) Soziologen Guus ter Hoeven (1928–1987) entstand, auf die sich verändernden ethnischen und rassischen Beziehungen in Brüssel (Louckx, 1982). Er untersuchte insbesondere die verschiedenen Determinanten der sprachlichen Zugehörigkeit in „Übergangszonen" wie Brüssel. Seine Ergebnisse weisen auf die Kontingenz der Prozesse der Französisierung und Niederländisierung in Brüssel hin und lassen uns die Vorstellung von eindeutigen monolingualen Gemeinschaften in Belgien in Frage stellen.

Insgesamt hat diese Fragestellung in Belgien auch kaum institutionelle Unterstützung erfahren. Während, wie bereits erwähnt, Dutzende von Doktorarbeiten über verschiedene Aspekte des Versäulungsprozesses geschrieben wurden, haben sich nur sehr wenige Soziologen mit der Kom-

---

Welt wurde und wird ein nationales Luftfahrtunternehmen als unverzichtbares Attribut der „Nationalität" angesehen. Am Anfang des zwanzigsten Jahrhunderts erwiesen sich die regionalen politischen Parteien jedoch nicht in der Lage (oder willens), eine Lösung für die nationale Fluggesellschaft zu finden. Im Rahmen der Diskussionen über die Zukunft des belgischen Nationalstaates hatte der Konkurs von SABENA einen hohen Symbolwert. Die Gesellschaft, die später übernommen wurde, heißt Brussels Airlines. Sie bezieht sich auf Brüssel, die Hauptstadt Europas, und nicht auf Belgien.

plexität der sprachlichen Spaltungen und der Regionalisierungsprozesse in Belgien beschäftigt. Die regionale Ebene ist zu einer Realität *sui generis* geworden, die als selbstverständlich angesehen werden kann. In der zweiten Hälfte des zwanzigsten Jahrhunderts haben sich die meisten akademischen Disziplinen, einschließlich der Soziologie, auf regionaler Ebene organisiert. Regionalisierte Formen der Forschungsfinanzierung unterstützen ebenfalls die „Naturalisierung" der regionalen Ebene. Diese Strukturen und Finanzierungssysteme haben jedoch auch zu verpassten Chancen für die soziologische Forschung geführt. Die belgischen Soziologen waren kaum in der Lage, das reichhaltige soziolinguistische Material, über das sie verfügen, zu nutzen. Das Verbot der Sprachzählung, das wir im letzten Abschnitt erörtert haben, findet sein Echo in der soziologischen Vernachlässigung der historischen Komplexität der sprachlichen Trennungen innerhalb Belgiens.[12]

Verschiedene Soziologien

Bis in die 1960er-Jahre gab es in Belgien vier Universitäten: die „freien" oder privaten Universitäten in Brüssel und Löwen sowie die staatlichen Universitäten in Lüttich und Gent. Institutionelle Unterstützung für die Soziologie gab es zunächst in Brüssel, insbesondere durch das *Institut de Sociologie Solvay*. Auch in Löwen entstand Ende des 19. Jahrhunderts ein „kritisches" Interesse an der Soziologie, aber die katholische Universität ließ eine unterstützende Haltung gegenüber der Soziologie nicht zu. Die Soziologie verströmte hier lange „einen Geruch von Unglauben" (de Bie, 1994, S. 108). Aufgrund der ideologischen Rivalitäten zwischen den beiden Privatuniversitäten konnte es sich Löwen jedoch nicht leisten, der neuen Disziplin *keine* Beachtung zu schenken.

Überall in Europa ging der Hype um die Soziologie nach dem Ersten Weltkrieg vorüber. Die Soziologie löste keine heftigen Debatten mehr aus (Heilbron, 2015, S. 92–123). In der Zeit zwischen den beiden Weltkriegen gewann die neue Disziplin in Belgien (und in einigen anderen Ländern) jedoch allmählich an Unterstützung. In den 1920er- und

---

[12] Wir wollen damit nicht sagen, dass es keine Analysen dieser sprachlichen Trennungen gibt. Tatsächlich gibt es zahlreiche *historische* Übersichten. Auch einige interessante *soziolinguistische* Arbeiten sind veröffentlicht worden. Aber unparteiische *soziologische* Arbeiten, die sich mit der sozialen Konstruktion der regionalen oder nationalen Vorstellungen in Belgien befassen, gibt es kaum.

1930er-Jahren wurde die Soziologie an den staatlichen Universitäten von Gent und Lüttich eingeführt.[13] An der juristischen Fakultät in Gent gründete Jean Haesaert (1892–1976) 1928 das Seminar für theoretische und angewandte Soziologie. Auch in Lüttich wurde die Soziologie in die juristische Fakultät eingegliedert. René Clémens (1911–1980) begann hier 1937 Soziologie zu lehren (Poncelet, 2014). In Löwen gewann die Soziologie langsam an Glaubwürdigkeit. Nach dem Zweiten Weltkrieg wurde der Ausbau der Sozialwissenschaften in Löwen institutionell stark gefördert. Im Jahr 1955 gründete Jacques Leclercq das Zentrum für Sozialstudien (*Centre d'Études Sociales*) innerhalb der Fakultät für Politik- und Sozialwissenschaften der Katholischen Universität. Kurz darauf änderte es seinen Namen in Zentrum für soziologische Studien (*Centre de Recherches Sociologiques*). Ebenfalls 1955 gründete René Clemens ein *Institut de Sociologie* an der juristischen Fakultät in Lüttich.

Die geografische Ausbreitung der Soziologie hatte Auswirkungen auf die Orientierungen und Spannungen, die die akademische Landschaft in Belgien strukturierten. Von den staatlichen Universitäten wurde erwartet, dass sie weltanschaulich neutral sind, aber sowohl Haesaert (in Gent) als auch Clémens (in Lüttich) waren als Katholiken bekannt.[14] Gleichzeitig fühlten sich einige flämische Soziologen in Löwen durch die Veränderungen in Gent bedroht, da Gent 1930 zu einer vollständig niederländischsprachigen Universität geworden war (siehe Leemans, 1938). Die Flamen in Löwen bezogen nun oft Stellung gegen die sich in Gent entwickelnde ‚marxistische' Soziologie (Gerard & Wils, 1999, S. 49–50). Auch wenn die Beziehung noch überwiegend im Sinne eines „traditionellen" ideologischen Gegensatzes (Marxismus vs. Katholizismus) gestaltet wurde, ist es nicht schwer zu erkennen, dass sprachliche Zugehörigkeiten und regionale Spannungen allmählich die Grundstruktur der akademischen Landschaft in Belgien zu bestimmen begannen.

---

[13] Zwei ehemalige Schüler Merciers und seines Höheren Instituts für Philosophie, Edouard Crahay und Jean Halleux, waren bereits Ende des 19. Jahrhunderts als Soziologen nach Lüttich und Gent berufen worden. Entsprechend ihrer neo-thomistischen Ausbildung trugen sie nicht viel dazu bei, die Soziologie als wissenschaftliche Disziplin zu etablieren (Wils, 1997).

[14] Haesaert bezeichnete sich jedoch als Agnostiker. Zugleich betonte er die soziale Funktion des Katholizismus. Er verteidigt eine konservative Ideologie: Die reflektierende, zweifelnde Haltung der Philosophie sei für die soziale und intellektuelle Elite geeignet, während der Katholizismus den „niedrigen Klassen" zu dienen habe (Haesaert, 1920).

Nach dem Zweiten Weltkrieg gingen von internationalen Initiativen wichtige Impulse für die nationale, interuniversitäre Zusammenarbeit in Belgien aus. Die ursprünglich 1899 gegründete *Société Belge de Sociologie* wurde 1950 wieder ins Leben gerufen. Obwohl es sich bei der neuen *Société* wieder um eine französischsprachige wissenschaftliche Vereinigung handelte, war ihr ideologischer und geografischer Geltungsbereich weiter gefasst als der der ersten, in Löwen gegründeten katholischen *Société*. Soziologen aus allen vier belgischen Universitäten waren nun beteiligt. Der Hauptimpuls kam von der UNESCO und ihrer Abteilung für Sozialwissenschaften. Die UNESCO war nicht nur für die Gründung der *International Sociological Association* (ISA) im Jahr 1949 verantwortlich, die Teil eines umfassenderen Programms zur Entwicklung der Sozialwissenschaften zur Förderung ihrer politischen Ziele war. Gleichzeitig stellte die UNESCO auch Mittel für nationale Forschungsverbände und Forschungskonsortien bereit (de Bie, 1986, S. 227–230). Paradoxerweise war eines der greifbarsten Ergebnisse internationaler wissenschaftlicher Vereinigungen wie der ISA, dass sie die Gründung nationaler soziologischer Gesellschaften anregten (siehe auch Laeyendecker, 2009).

1953 veranstaltete die ISA in Lüttich ihren zweiten Weltkongress für Soziologie. Das lokale belgische Organisationskomitee wurde von Jean Haesaert geleitet, während René Clémens das Amt des Generalsekretärs innehatte.[15] An der Eröffnungsfeier nahm Pierre Harmel teil, der damals im Namen der Christdemokratischen Partei Belgiens Minister für das öffentliche Bildungswesen war. Die *Transactions of the Second World Congress of Sociology* (ISA, 1954) enthalten eine Liste mit 281 Teilnehmern aus

---

[15] Der erste Präsident der ISA, der Chicagoer Soziologe Louis Wirth, sollte den Vorsitz des Weltkongresses in Lüttich übernehmen. Doch sein plötzlicher Tod im Jahr 1952 und das Fehlen eines unmittelbaren Nachfolgers führten zu einem schwierigen Interregnum für die ISA (siehe http://www.isa-sociology.org/en/about-isa/history-of-isa/isa-past-presidents/, letzter Zugriff am 2. Mai 2017). Berichte über den Weltkongress finden sich im *International Social Science Bulletin* der UNESCO (1954, Nummer 1) und in den beiden Bänden der *Transactions of the Second World Congress of Sociology* (International Sociological Association, 1954). Es gibt einige Unterschiede zwischen den dort aufgeführten Aktivitäten; wir haben uns an die *Transactions* gehalten, die nach der Ausgabe des *Bulletins* veröffentlicht wurden. Während des Weltkongresses wurde der Löwener Soziologe Pierre de Bie, der einer der Berichterstatter des Lütticher Kongresses war, zum Mitglied des ISA-Rates gewählt. Im Auftrag der ISA veröffentlichte Pierre de Bie eine Übersicht über den Hochschulunterricht in den Sozialwissenschaften (UNESCO, 1954). Zuvor hatte er auch in der Abteilung für Sozialwissenschaften der UNESCO an internationalen Spannungen gearbeitet (Rangil, 2011).

34 Ländern teil, darunter über 50 aus Belgien. Die Vorträge wurden in drei Sprachen gehalten: Englisch, Französisch und Deutsch. Zu den Vortragenden gehörten namhafte Wissenschaftler wie Joseph Ben-David, Reinhard Bendix, Michel Crozier, S. N. Eisenstadt (der 3 Vorträge hielt), David Glass, Everett C. Hughes, Clark Kerr, René König, Seymour M. Lipset, Edgar Morin, S. F. Nadel, Helmut Schelsky und Alain Touraine. Die belgischen Wissenschaftler, die Vorträge hielten – René Clemens, Sylvain de Coster, Eugène Dupréel, Antoinette Graffar-Fuss, Paul Horion, Henri Janne, Paul Minon und Frans Van Mechelen – taten dies alles auf Französisch. In einem ausführlichen Bericht über die Vorträge wird auch Belgien zu den „französischsprachigen Gebieten" gezählt (MacRae, 1954, S. 48). Die Sichtbarkeit der „Soziologie in Belgien" auf dem Weltkongress blieb jedoch begrenzt. In der Sektion über den Stand der soziologischen Forschung auf nationaler Ebene, auf die die Abteilung für Sozialwissenschaften der UNESCO und die ISA großen Wert legten, wurde kein Überblick über die jüngsten Entwicklungen in Belgien gegeben.

Die zweite *Société Belge de Sociologie* überlebte nicht lange. Ohne die Unterstützung und den Druck der internationalen Verbände zerfielen die Formen der nationalen Zusammenarbeit bald. Verschiedene soziologische Vereinigungen wurden gegründet, gerade weil sich die sprachlichen Spannungen innerhalb Belgiens jetzt deutlicher manifestierten. Neben der *Société* entstand 1962 eine konkurrierende Organisation der „flämischen Soziologen" (OVS: *Organisatie voor Vlaamse Sociologen*). 1975 gründete die *Société* eine französischsprachige und eine niederländischsprachige Abteilung: die *Association des Sociologues Belges de Langue Française* (ASBLF) auf der einen und die *Vlaamse Vereniging voor Sociologie* (VVS) auf der anderen Seite. Doch die zentrifugalen Tendenzen setzten sich durch. Obwohl die *Société* die Absicht hatte, als nationaler Dachverband zu fungieren, löste sie sich nur wenige Jahre später auf, so dass es in Belgien nur noch regionale soziologische Vereinigungen gab.[16]

In den 1960er- und 1970er-Jahren kam der Ausbau des belgischen Hochschulsystems jedoch in Schwung. Im Zuge des Anstiegs der Studentenzahlen in der Nachkriegszeit ermöglichten zwei Expansions-

---

[16] Die ASBLF wurde in den 1990er-Jahren aufgelöst, aber 2009 wurde eine neue Vereinigung französischsprachiger belgischer Soziologen und Anthropologen gegründet (*Association Belge Francophone de Sociologie et Anthropologie*). Ihre erste Konferenz fand Ende 2016 statt. Der VVS ist derzeit das einzige belgische Kollektivmitglied der ISA.

gesetze den Ausbau der bestehenden und die Gründung neuer Universitäten. Wie bereits erwähnt, wirkten sich die zunehmenden sprachlichen und regionalen Spannungen auf die damals verfolgten Optionen aus. Die „Löwenfrage" führte zur Gründung zweier einsprachiger katholischer Universitäten, einer niederländischsprachigen in Leuven und einer französischsprachigen in Louvain-la-Neuve. In Brüssel wurden zwei einsprachige „freidenkerische" Universitäten gegründet. Es folgten weitere Einrichtungen, wobei die ideologischen Unterschiede berücksichtigt wurden. Bis Mitte der 1970er-Jahre entstanden an verschiedenen Orten in Belgien neue Universitäten: in Antwerpen, Brüssel, Hasselt, Louvain-la-Neuve, Mons und Namur. Der Ausbau des Universitätssystems ermöglichte auch das Wachstum der Sozialwissenschaften. Neben Louvain und Brüssel, die bereits 1963 mit der Einrichtung eines Master-Studiengangs „Soziologie" begonnen hatten, begannen mehrere andere Universitäten mit der Gründung eigener soziologischer Institute oder Abteilungen. Seit den letzten Jahrzehnten des zwanzigsten Jahrhunderts bieten sieben (von insgesamt 12) belgische Universitäten Bachelor- und/oder Masterstudiengänge in Soziologie an (De Jonghe, 1976; Vilrokx, 1977; Dumon, 1981).[17] Es hat jedoch keine zweisprachige soziologische Einrichtung überlebt. Seit den 1960er-Jahren wurden diese disziplinären Strukturen auf regionaler Ebene (wieder) aufgebaut.

In Belgien wurde eine Vielzahl von Abschlussbezeichnungen verwendet, wie z. B. Soziologie, Sozialwissenschaften oder Politik- und Sozialwissenschaften. Abb. 3.1 gibt einen Überblick über die Entwicklung der in Belgien verliehenen Soziologieabschlüsse bis Anfang der 1990er-Jahre. Sie zeigt sowohl für die französisch- als auch für die niederländischsprachigen Studiengänge einen relativ stetigen, aber bescheidenen Anstieg der Zahl der Abschlüsse von Mitte der 1960er bis Mitte der 1980er-Jahre. In der zweiten Hälfte der 1980er-Jahre ging die Zahl der Absolventen jedoch zurück. Dieser Rückgang ist mit Sicherheit auf das Aufkommen neoliberaler Doktrinen und die damit einhergehenden staatlichen Kürzungen, insbesondere bei den Programmen des Wohlfahrtsstaates, zurückzuführen. Die steigende Jugendarbeitslosigkeit führte zu einer sinkenden

---

[17] Der Studiengang Soziologie in Löwen bestand von Anfang an aus einer frankophonen und einer flämischen Abteilung. Im Jahr 1966 wurde auch in Brüssel ein niederländischsprachiger Studiengang eingerichtet (Vilrokx, 1977; Gerard & Wils, 1999). Dieser Studiengang führte jedoch zu einem Abschluss in Sozialwissenschaften. Anfänglich stützte er sich stark auf Dozenten aus den Niederlanden.

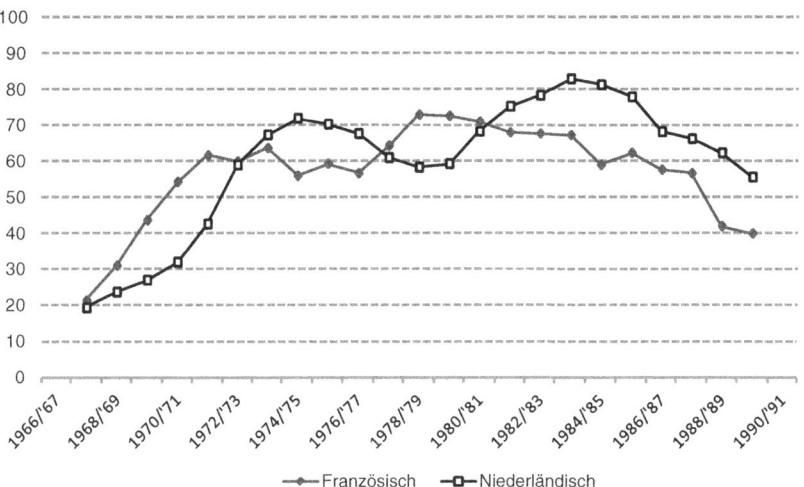

Abb. 3.1 Anzahl der französisch- und niederländischsprachigen Soziologieabsolventen in Belgien, 1967–1990. (Dreijährlich gleitende Durchschnitte)

Nachfrage nach akademischen Programmen, die auf eine Beschäftigung im „sozialen" Sektor des Wohlfahrtsstaates vorbereiten sollten. Vor allem die frankophonen Studiengänge waren darüber hinaus vom Rückgang der Zahl ausländischer Studenten betroffen. So waren 1980 15 von 62 Absolventen dieser Studiengänge ausländischer Herkunft gegenüber 0 von 63 Absolventen der niederländischsprachigen Studiengänge; 1990 waren es 5 von 41 bzw. 1 von 44 Absolventen. Der Rückgang der Zahl der Absolventen der französischsprachigen Soziologie-Studiengänge in der zweiten Hälfte der 1980er-Jahre ist also zum Teil auf die Abschwächung der postkolonialen Verbindungen der Universitäten in Brüssel, Lüttich und Louvain-la-Neuve insbesondere mit dem französischsprachigen Afrika zurückzuführen (siehe Poncelet, 2008).

In Abb. 3.1 werden die von der Belgischen Universitätsstiftung veröffentlichten Daten verwendet.[18] Leider sind auf nationaler Ebene für die

---

[18] Die Universitätsstiftung wurde während des Ersten Weltkriegs gegründet, um die Hochschulbildung in Belgien zu unterstützen; nach dem Krieg wurden die verbleibenden Mittel der internationalen (vor allem amerikanischen) belgischen Hilfsorganisationen auf die Universitätsstiftung umgeschichtet. Ihre Schwesterorganisation, die Belgian American Educational Foundation (BAEF), wurde 1920 gegründet. Beide Organisationen verdeutlichen er-

letzten Jahrzehnte keine detaillierten Daten über die Zahl der Studenten oder Absolventen verfügbar. Anklänge an die Probleme, die wir im Zusammenhang mit der Sprachenzählung und den Volkszählungsdaten erörtert haben, finden sich auch bei den Daten über Bildung und wissenschaftliche Forschung. Sowohl die Vielfalt der Abschlussbezeichnungen (die oft aus dem Wettbewerb zwischen den Universitäten resultiert) als auch die unterschiedlichen Erhebungs- und Darstellungsweisen der statistischen Daten beiderseits der Sprachgrenze stehen detaillierten statistischen Übersichten im Wege. Außer auf hochaggregierten Ebenen sind zuverlässige interregionale Vergleiche nicht mehr möglich. Paradoxerweise sind es nicht die in Abb. 3.1 dargestellten Daten, denn die numerischen Entwicklungen sind auf beiden Seiten der Sprachgrenze sehr ähnlich, sondern der Mangel an Daten für den jüngsten Zeitraum, der zeigt, dass beide Regionen in Belgien zu unterschiedlichen Welten geworden sind (siehe auch Vanderstraeten, 1996; Vanderstraeten & Van der Gucht, 2015).

Die Fragmentierung oder Segmentierung der akademischen Landschaft hat auch Disziplinen wie die Soziologie geschützt. Die Entwicklungen in Gent sind ein anschauliches Beispiel. Haesaert wurde 1961 von Marthe Terryn-Versichelen (1917–2015) abgelöst. Terryn-Versichelen wurde 1965 die erste ordentliche Professorin an der Universität Gent, doch ihre Beiträge zur Soziologie wurden nach und nach angefochten. In der zweiten Hälfte der 1970er-Jahre berichtete *Schamper*, die Studentenzeitung der Universität, wiederholt negativ über sie und die Soziologie in Gent. Eine alles andere als schmeichelhafte Darstellung der Soziologie in Gent findet sich auch in dem unterhaltsamen Schlüsselroman von Willy Van Poucke, einem ehemaligen Mitarbeiter des Seminars für Soziologie in Gent. Van Poucke (1986), der kurz nach ihrer Pensionierung veröffentlicht wurde, beschreibt die „Dame" als eine Person, die schon früh in ihrer Karriere die wissenschaftliche Arbeit aufgegeben hatte, von ihren Mitarbeitern alle möglichen persönlichen Gefälligkeiten einforderte und ihr Amtscharisma und ihre persönlichen Beziehungen zur belgischen „Machtelite" geschickt einsetzte, um zu spalten und zu herrschen. Die Soziologie

neut, dass internationale Verbindungen (und die damit verbundenen Erwartungen an „legitime" oder „notwendige" Aktivitäten für Nationalstaaten) notwendig sind, um die nationale Ebene in Belgien zu überleben. Für einen Überblick über die statistischen Berichte der Stiftung siehe http://www.fondationuniversitaire.be/en/content/statistical-reports (letzter Zugriff am 2. Mai 2017).

in Gent konnte eine lange Periode der Stagnation überstehen, nicht zuletzt aufgrund der organisatorischen Trägheit an dieser staatlichen Universität und des institutionellen Isomorphismus, der durch die Zersplitterung der belgischen akademischen Landschaft hervorgerufen wurde. Die einzige staatliche Universität im flämischen Teil Belgiens konnte *nicht* nicht haben, was viele andere belgische Universitäten boten. (Es sollte jedoch hinzugefügt werden, dass die Soziologie hier lange Zeit in die juristische Fakultät eingebettet war. Erst 1991 wurde in Gent eine eigenständige Fakultät für Politik- und Sozialwissenschaften geschaffen, die auch einen neuen Studiengang für Soziologie hervorbrachte).

Die zweite Phase der Expansion und Institutionalisierung zeigt sich auch auf der Ebene der Publikationsorgane. In Kap. 2 haben wir uns bereits mit den Zeitschriften befasst, die in der ersten Phase der Expansion und Institutionalisierung der Soziologie in Brüssel und Löwen erschienen. Nach dem Ersten Weltkrieg wurde nur das Brüsseler *Institut de Sociologie Solvay* weitergeführt. Im Jahr 1920 begann es mit der Veröffentlichung seiner *Revue de l'Institut de Sociologie*. Damals war sie in erster Linie als Publikationsorgan für die Arbeiten ihrer Mitglieder gedacht. Wie das *Institut* selbst zeichnete sich auch die Zeitschrift durch einen hohen Grad an Eklektizismus aus; sie enthielt Artikel zu einem breiten Spektrum von Themen und aus den unterschiedlichsten Perspektiven. Im Jahr 1949 begann René Clémens mit der Veröffentlichung einer Reihe von Arbeitspapieren seiner Forschungsgruppe in Lüttich (*Travaux du Séminaire de Sociologie de la Faculté de Droit de Liège*). Nach der Gründung der frankophonen Universität in Louvain-la-Neuve wurde eine weitere französischsprachige soziologische Zeitschrift gegründet. Im Jahr 1970 wurde in Louvain-la-Neuve die Zeitschrift *Recherches Sociologiques* gegründet, um eine „sociologie louvaniste" zu fördern.[19] Obwohl die Zeitschrift kein Einladungssystem anwandte, sondern auf spontane Einreichungen potenzieller Autoren und redaktionelle Peer-Reviews setzte, verschwanden die ideologischen Divergenzen zwischen Brüssel und Louvain nicht.

---

[19] Es sei hinzugefügt, dass die „Löwenfrage" zur Spaltung der Soziologie in Löwen führte. Mehrere zweisprachige Soziologen, darunter Pierre de Bie, entschieden sich nach der Trennung von ihrer katholischen Alma Mater für Louvain-la-Neuve. In Brüssel hingegen wurde das *Institut de Sociologie* nicht aufgeteilt; seine Mitarbeiter blieben Teil der französischsprachigen *Université Libre de Bruxelles*. An der neu gegründeten niederländischsprachigen *Vrije Universiteit Brussel wurde* ein neues einsprachiges soziologisches Institut geschaffen. Dieses Institut hat jedoch keinen eigenen Publikationsort eingerichtet.

Die Stellung und die Reichweite dieser Publikationsorgane wurden auch durch das Aufkommen einer anderen Publikationskultur in Belgien verändert. Am Anfang des zwanzigsten Jahrhunderts konnte der belgische Kardinal Désiré Mercier noch argumentieren, dass Flämisch niemals eine Sprache der Wissenschaft oder der öffentlichen Angelegenheiten sein würde – aber schon damals waren Veränderungen im Gange. Einige Veröffentlichungen von Lodewijk de Raet (1870–1914) werden als die ersten flämischen Beiträge zur Soziologie angesehen. Eine Sammlung seiner Arbeiten erschien posthum unter dem Titel *Over Vlaamsche Volkskracht* (Über die Macht des flämischen Volkes) (de Raet, o. J.).[20] 1935 wurde eine flämische Zeitschrift mit dem Titel *Tijdschrift voor Economie en Sociologie* (Zeitschrift für Wirtschaft und Soziologie) von Forschern aus Gent und Louvain gegründet. Der Löwener Wirtschaftswissenschaftler Gaston Eyskens, der später Ministerpräsident von Belgien wurde, spielte bei diesem Projekt eine Schlüsselrolle. Obwohl Jean Haesaert daran mitwirkte, war der Inhalt der Zeitschrift hauptsächlich ökonomisch ausgerichtet. Außerdem war die Zeitschrift nur von kurzer Dauer; sie erschien nur bis 1939. Ihre Gründung war jedoch ein Zeichen für die Entstehung einer flämischen Wissenschaftskultur sowie für die zunehmende „empirische" und quantitative Ausrichtung der Soziologie in der Zwischenkriegszeit (siehe auch Ellemers, 1978). Die Soziologie war nicht mehr mit der Philosophie oder den Rechtswissenschaften verbunden, sondern begann sich an die Wirtschaftswissenschaften anzugliedern, die zu dieser Zeit (nach J. M. Keynes und anderen) viel Ansehen als empirische, politikrelevante Disziplin erlangten.

Nach dem Zweiten Weltkrieg erschienen mehrere andere flämische soziologische Zeitschriften. So erschien in Leuven ab 1950 die *Politica Berichten*, die – mit einigen Änderungen im Titel – bis 1992 veröffentlicht wurde. In Gent wurde 1956 die *Tijdschrift voor Sociale Wetenschappen* (Zeitschrift für Sozialwissenschaften) gegründet; sie erschien bis 1997. Auch in Flandern waren diese Zeitschriften oft eng mit bestimmten ideologischen und wissenschaftlichen Traditionen verbunden. Sie dienten vor

---

[20] Zu Beginn des zwanzigsten Jahrhunderts wurde De Raet vom *Institut de Sociologie Solvay* angestellt. Er leistete Forschungshilfe für die bereits erwähnte Studie von B.S. Rowntree und promovierte später in Wirtschaftswissenschaften. Er ist vor allem für seine Rolle bei einer frühen Kampagne zur Einführung der niederländischen Sprache an der staatlichen Universität Gent bekannt.

allem als Mitteilungsblätter und Publikationsorgane für die Mitglieder oder Studenten der jeweiligen Universität.

Unter dem Dach der ersten Vereinigung flämischer Soziologen, der *Organisatie voor Vlaamse Sociologen* (OVS), wurde auch versucht, engere Beziehungen zur niederländischsprachigen soziologischen Gemeinschaft in den Niederlanden zu knüpfen. Die Zusammenarbeit mit niederländischen soziologischen Fachzeitschriften, insbesondere mit der *Sociologische Gids*, wurde erprobt. Einige flämische Soziologen wurden Mitglieder des Redaktionsausschusses dieser Zeitschrift; 1962 erschien ein Sonderheft dieser Zeitschrift über Flandern. Es wurde auch eine Reihe von niederländisch-flämischen soziologischen Treffen organisiert (Dumon, 1981, S. 181–182). Die Integration der flämischen Soziologie in die bereits etablierte Gemeinschaft der niederländischen Soziologen erwies sich jedoch als schwierig, wie wir im nächsten Kapitel noch genauer sehen werden. Systematische wissenschaftliche Kontakte über die belgisch-niederländische Grenze hinweg entwickelten sich kaum. Allmählich kam jedoch eine andere flämische Strategie in Schwung. Im Jahr 1979 gründete die Flämische Vereinigung für Soziologie (VVS) eine neue wissenschaftliche Zeitschrift, an der Soziologen aller großen flämischen Universitäten aktiv beteiligt waren: *Tijdschrift voor Sociologie* (Zeitschrift für Soziologie). In den letzten Jahrzehnten des zwanzigsten Jahrhunderts ersetzte diese Zeitschrift nach und nach die oben genannten „lokalen" Publikationsorgane für soziologische Arbeiten in diesem Teil Belgiens.

In der zweiten Phase der Expansion und Institutionalisierung der Soziologie entwickelte sich auch in Flandern eine stärkere Orientierung an der angelsächsischen Welt und insbesondere an den Vereinigten Staaten. Dies war im frankophonen Teil des modernen Belgiens nicht der Fall, wo die Orientierung an der französischen Soziologie lange Zeit dominant blieb. Von *Sociological Contributions from Flanders*, einer von der OVS herausgegebenen Jahresschrift, erschienen zwischen 1967 und 1971 drei Ausgaben. Sie enthielt englische Artikel flämischer Soziologen (oft Übersetzungen bereits veröffentlichter flämischer Artikel) und war der niederländischen Zeitschrift *Sociologia Neerlandica* nachempfunden.[21] Von der

---

[21] Zwischen 1962 und 2004 wollte diese niederländische Zeitschrift „das Beste" der niederländischen Soziologie einem breiteren Publikum zugänglich machen, indem sie eine Auswahl von Artikeln, die zuvor in niederländischen Zeitschriften erschienen waren, in englischer Übersetzung veröffentlichte. Sie erschien unter verschiedenen Titeln: *Sociologia Neerlandica, The Netherlands' Journal of Sociology,* und *The Netherlands Journal of the Social Sciences*. Obwohl auch diese Zeitschrift nicht mehr existiert, war sie erfolgreicher als ihr flä-

neuen Generation flämischer Soziologen unternahmen einige auch Forschungsreisen in die USA. In Brüssel und Gent wurden Soziologen eingestellt, die ihren Doktortitel in der „Neuen Welt" erworben hatten. Ron Lesthaeghe (°1945) und Mark Elchardus (°1946) hatten beide an der Brown University studiert; Herman Brutsaert (°1941) hatte an der Emory University studiert. In Leuven verbrachten Karel Dobbelaere (°1933), Wilfried Dumon (°1933) und Jozef Verhoeven (°1941) einige Zeit in den USA. Auch einige prominente amerikanische Soziologen wurden auf den „Alten Kontinent" eingeladen: Edward Shils lehrte Anfang 1979 in Leuven (auf Einladung von Jozef Verhoeven), während Robert Merton 1986/1987 in Gent den ersten George-Sarton-Lehrstuhl erhielt.[22] Insgesamt führte diese Art des Austauschs auch zu einer wachsenden Bekanntschaft mit den methodologischen und statistischen Entwicklungen in der amerikanischen Soziologie (siehe Platt, 2008). Er förderte die empirische Ausrichtung der Soziologie in Flandern und vergrößerte damit die Differenz zur französischsprachigen soziologischen Gemeinschaft. Durch die Orientierung an Frankreich und seiner Tradition blieb die Soziologie im südlichen Teil des modernen Belgiens durch eine stärkere Orientierung an der Philosophie und den Geisteswissenschaften gekennzeichnet (siehe Heilbron, 2015).

In der zweiten Hälfte des zwanzigsten Jahrhunderts wurde die Soziologie allmählich zu einer „vollwertigen" akademischen Disziplin – mit eigenen Abschlüssen und Karrierestrukturen, mit eigenen Publikationsorganen und Formen der beruflichen Vereinigung. Die Expansion ermöglichte auch die Entwicklung zweier unterschiedlicher soziologischer Gemeinschaften in Belgien: eine neue flämische Gemeinschaft konnte sich neben der frankophonen entwickeln. Während es zahlreiche historische Übersichten über die verschiedenen Phasen und „Durchbrüche" inner-

---

misches Pendant. Auf die Institutionalisierung der Internationalisierungsbestrebungen in Belgien und den Niederlanden werden wir im nächsten Kapitel näher eingehen.

[22] George Sarton war ein Absolvent der Universität Gent, der nach dem deutschen Einmarsch in Belgien im Jahr 1914 nach England und in die Vereinigten Staaten floh. In der Neuen Welt wurde er ein einflussreicher Wissenschaftshistoriker. Mehr als vier Jahrzehnte lang war er Eigentümer und Herausgeber der Zeitschrift *Isis*, die eine der wichtigsten Zeitschriften für Wissenschaftsgeschichte war und immer noch ist, und er wird oft als einer der Gründerväter dieser Disziplin angesehen (Vanderstraeten & Vandermoere, 2015). Anlässlich des hundertsten Geburtstags von Sarton richtete die Universität Gent 1984 den George-Sarton-Lehrstuhl für Wissenschaftsgeschichte ein. Robert Merton, der an der Harvard University bei George Sarton und Talcott Parsons promoviert hatte, hielt in Gent einen Vortrag über den Matthäus-Effekt in der Wissenschaft (siehe Merton, 1985, 1988).

halb dieser Sprachkonflikte gibt, ist das strukturelle Interesse an einer Sprachsoziologie, die die Existenz verschiedener Sprachgemeinschaften nicht als „natürlich" oder „selbstverständlich" ansieht, sondern die Art und Weise untersucht, wie diese Verbindung gesellschaftlich geschmiedet oder konstruiert wird, noch nicht sehr groß. Für diese Art von Forschung ist es immer noch schwierig, sich von der Geschichte der regionalen Konflikte in Belgien zu distanzieren.

Die „Naturalisierung" verschiedener Sprachgemeinschaften ist zum Teil ein Ergebnis der sich ändernden Methoden zur Schaffung von „Fakten". Nach der Regionalisierung mehrerer wichtiger Bereiche der Politik werden die „Fakten" auf regionaler Ebene gesammelt. Statistische Daten auf nationaler oder föderaler Ebene sind rar geworden. Ob (und in welcher Hinsicht) Belgien eine relevante Einheit darstellt oder nicht, kann heute kaum noch diskutiert werden, weil einfach die statistischen Daten fehlen. Seit den 1990er-Jahren werden die Forschungsmittel zudem hauptsächlich auf regionaler Ebene verteilt. Aus den historischen Gründen, die wir in den vorangegangenen Abschnitten erörtert haben, richtet vor allem Flandern die wissenschaftliche Aufmerksamkeit auf sich selbst. Die in Flandern durchgeführte Forschung ist nun oft eine Forschung über Flandern. Die soziologische Forschung in Flandern stützt sich jetzt häufig auf flämische Daten; sie befasst sich mit flämischen Studenten, Patienten, Konsumenten, Wählern, Bürgern, Kirchgängern usw. Neue Formen der Sammlung und Darstellung von „Fakten" haben also ihre eigenen Auswirkungen. Durch diese Veränderungen ist jedoch der historische Prozess der Regionalisierung selbst fast unsichtbar geworden.

Die zweite Phase der Expansion und Institutionalisierung der Soziologie in Belgien ging also mit einer zunehmenden Segmentierung einher. Auf beiden Seiten der Sprachgrenze gibt es jetzt unterschiedliche soziologische Gemeinschaften mit eigenen Fördereinrichtungen, eigenen wissenschaftlichen Netzwerken, Vereinigungen, Konferenzen und Zeitschriften. Soziologie wird heute an den großen Universitäten sowohl im französisch- als auch im niederländischsprachigen Teil Belgiens gelehrt. An jeder dieser Universitäten forschen Soziologen zu einer Vielzahl von Themen. Die Zusammenarbeit zwischen diesen Gemeinschaften ist jedoch begrenzt. Auf den vorangegangenen Seiten haben wir einige der historischen Gegebenheiten und sozialen Bedingungen nachgezeichnet, die zur Hypostasierung oder „Naturalisierung" dieser unterschiedlichen Welten geführt haben. Wir haben auch gezeigt, dass die Existenz dieser unterschiedlichen Welten nicht immer in den Daten oder „Fakten" beobachtet werden kann; die Stabilisierung der regionalen Kontraste und Klüfte scheint manchmal eher auf dem Fehlen vergleichbarer Daten oder Fakten zu beruhen. Im nächsten Kapitel werden wir einigen grundlegenden Merkmalen dieser *gar nicht so unterschiedlichen* akademischen Welten mehr Aufmerksamkeit widmen. Wie wir noch sehen werden, könnten diese beiden soziologischen Gemeinschaften in Belgien zu klein sein, um in einem zunehmend globalisierten „Netz der Wissenschaft" überlebensfähig zu sein.

Schlussfolgerung

Die sprachlichen und regionalen Unterschiede zwischen Flandern und Wallonien wurden im Laufe des zwanzigsten Jahrhunderts immer deutlicher. Die schnelle Expansion des akademischen Systems nach dem Zweiten Weltkrieg fand in einem zunehmend regionalisierten Umfeld statt. Die Sozialwissenschaften, einschließlich der Soziologie, profitierten von dieser raschen Expansion des akademischen Systems, aber die Regionalisierung führte auch zu einer weiteren Fragmentierung. In den 1960er- und 1970er-Jahren bildeten sich auf beiden Seiten der Sprachgrenze unterschiedliche soziologische Gemeinschaften und unterschiedliche Soziologien. In vielen soziologischen Forschungsarbeiten, die in Belgien durchgeführt werden, ist die nationale Ebene selbst keine relevante Einheit mehr. Die Forschung geht entweder von der regionalen Ebene aus oder konzentriert sich hauptsächlich auf diese. Damit verstärkt sie die Regionalisierungsprozesse. Die meisten Soziologen sind entweder im flämischen oder im französischsprachigen Teil Belgiens angesiedelt.

Im akademischen System dominieren derzeit die sprachlichen und regionalen Unterschiede gegenüber den politisch-religiösen Spaltungen, obwohl die Unterschiede zwischen den „Säulen" weder in Flandern noch in Wallonien irrelevant geworden sind. Eine systematische soziologische Reflexion über sprachliche Unterschiede hat sich in Belgien jedoch kaum entwickelt. Die politisch-religiösen Unterschiede und die Versäulung haben *zwar* einen Großteil der soziologischen Forschung des zwanzigsten Jahrhunderts in Belgien bestimmt, *nicht* aber die sprachlichen Spannungen. Abgesehen von den institutionalisierten Erwartungen der Universitäten und Fördereinrichtungen könnte es einige inhaltliche Gründe für diesen Gegensatz geben. Die Religion (der römische Katholizismus) scheint ein „leichteres" oder „einfacheres" Thema für die soziologische Forschung zu sein; sie hat eine organisatorische Dimension und eine

Struktur der Autorität, die der Sprache fehlt. Sprache ist weniger greifbar. Aber der Kontrast ist wahrscheinlich auch ein Hinweis auf einen Mangel an Reflexivität innerhalb der verschiedenen soziologischen Gemeinschaften in Belgien. Die Existenz dieser verschiedenen Regionen wird als selbstverständlich angesehen. Die Naturalisierung der regionalen Unterschiede wird nicht in Frage gestellt. Vielmehr sind die Regionen zum natürlichen Ausgangspunkt vieler soziologischer Forschungen in Belgien geworden. Wie die vorangegangenen Analysen zeigen, sieht die Naturalisierung der regionalen Ebene in Belgien jedoch sehr stark nach einer anderen Version des methodologischen Nationalismus aus.

Literatur

Anderson, B. (2006). *Imagined communities. Reflections on the origin and spread of nationalism.* Verso.

Arel, D. (2002). Language categories in censuses: Backward- or forward-looking. In D. I. Kertzer & D. Arel (Hrsg.), *Census and identity: The politics of race, ethnicity, and language in national censuses* (S. 92–120). Cambridge University Press.

de Bie, P. (1986). Les débuts de la sociologie en Belgique. III: Les Sociétés Belges de Sociologie et le Centre Interuniversitaire. *Recherches Sociologiques, 17*(2), 193–230.

de Bie, P. (1994). Sciences sociales et sociologie à l'UCL. *Recherches Sociologiques, 25*(1), 107–110.

Billig, M. (2014). *Banal nationalism.* Sage.

Brubaker, R. (2013). Language, religion and the politics of difference. *Nations and Nationalism, 19*(1), 1–20.

Burke, P. (2004). *Languages and communities in early modern Europe.* Cambridge University Press.

Curtis, B. (2002). *The politics of population: State formation, statistics, and the census of Canada, 1840–1875.* University of Toronto Press.

De Jonghe, E. (1976). Het onderwijs der politieke en sociale wetenschappen te Leuven 1892–1976. *Politica, 26*(2), 102–128.

De Raet, L. (o.J.). *Over Vlaamsche volkskracht.* Standaard.

Dumon, W. (1981). Sociologie in België. In L. Rademaker (Hrsg.), *Sociologische grondbegrippen I* (S. 166–198). Spectrum.

Dumoulin, M. (2010). *L'Entrée dans le XXe Siècle, 1905–1918. Nouvelle histoire de Belgique.* Le Cri.

Ellemers, J. E. (1978). De Nederlandse sociologie en de Amsterdamse sociografie in de jaren dertig. Een voorbeeld van onvolledige institutionalisering. In F. Bovenkerk et al. (Hrsg.), *Toen en thans. De sociale wetenschappen in de jaren dertig en nu* (S. 36-47). Ambo.

Fox, R. C. (1979). *Essays in medical sociology: Journeys into the fields*. Transaction Publishers.

Gerard, E., & Wils, K. (1999). Catholics and sociology in Leuven from Désiré Mercier to Jacques Leclercq: A process of appropriation. In L. Voyé & J. Billiet (Hrsg.), *Sociology and religions: An ambiguous relationship* (S. 38-56). Leuven University Press.

de Graef, O. (1993). *Serenity in crisis: A preface to Paul de Man, 1939-1960*. University of Nebraska Press.

Haesaert, J. (1920). *Introduction à la philosophie expérimentale*. Volksdrukkerij.

Heilbron, J. (2015). *French sociology*. Cornell University Press.

Hobsbawm, E. J. (1992). *Nations and nationalism since 1780: Programme, myth, reality*. Cambridge University Press.

Hüning, M. (2013). Standardsprachenideologie. Über Sprache als Mittel zur Ab- und Ausgrenzung. In E. Besamusca, C. Hermann, & U. Vogl (Hrsg.), *Out of the box: Über den Wert des Grenzwertigen* (S. 105-122). Praesens.

International Sociological Association. (1954). *Transactions of the second world congress of sociology* (Bd. 2). ISA.

Laeyendecker, L. (2009). De sociologie in buiten-en binnenland: 1930-1960. In G. Alberts & H. J. Zuidervaart (Hrsg.), *De KNAW en de Nederlandse wetenschap tussen 1930 en 1960* (S. 87-124). KNAW Press.

Leemans, V. (1938). *Inleiding tot de sociologie*. Standaard Boekhandel.

Levy, P. M. G. (1960). *La querelle du recensement*. Institut belge de Science Politique.

Levy, P. M. G. (1964). Quelques problèmes de statistique linguistique à la lumière de l'expérience belge. *Revue de l'Institut de Sociologie, 37*, 251-273.

Louckx, F. (1982). *Vlamingen tussen Vlaanderen en Wallonië: Taalaanvaardings-en taalontwijkingsprocessen in een meertalige situatie, bekeken vanuit de sociologische literatuur over etnische en raciale verhoudingen (Reeks Taal en Sociale Integratie, Vol. V)*. Vrije Universiteit Brussel.

Louckx, K. (2014). *Statistics or state-istics? An anatomy of the corps social presented in the Belgian population censuses (1846-1947)*. Ph.D. dissertation, Ghent University, Ghent.

Louckx, K. (2017a). Parameters of nation-ness and citizenship in Belgium (1846-1947). In G. Verschraegen et al. (Hrsg.), *Imagined futures in science, technology and society* (S. 169-185). Routledge.

Louckx, K. (2017b). The nation-state in its state-istics (Belgium, 1846-1947). *Nations and Nationalism, 23*(3), 505-523.

Louckx, K., & Vanderstraeten, R. (2014). Statistics and state-istics: Exclusion categories in the population census (Belgium, 1846-1930). *The Sociological Review, 62*(3), 530-546.

Louckx, K., & Vanderstraeten, R. (2015). Household and state-istics: Cornerstones of society in population censuses (Belgium, 1846–1947). *Social Science History, 39*(2), 201–215.

MacRae, D. G. (1954). Recent developments in sociological research. *UNESCO International Social Science Bulletin, 6*(1), 43–53.

de Man, H. (1926). *Zur Psychologie des Sozialismus.* Diederichs.

Merton, R. K. (1985). George Sarton: Episodic recollections by an unruly apprentice. *Isis, 76*(4), 470–486.

Merton, R. K. (1988). The Matthew effect in science: Cumulative advantage and the symbolism of intellectual property. *Sartoniana, 1,* 23–51.

Pirenne, H. (1900). *La nation belge.* Lamertin.

Platt, J. (2008). Introduction. *Current Sociology, 56*(2), 147–164.

Poncelet, M. (2008). *L'invention des sciences coloniales belges.* Karthala.

Poncelet, M. (2014). René Clémens et la mobilisation des universitaires liégeois au Katanga dans les années 1955–1960. Fin de colonie, sociologie clinique et bricolages du développement. *Anamnèse, 10,* 205–222.

Rangil, T. T. (2011). *The politics of neutrality: UNESCO's Social Science Department, 1946–1956.* CHOPE working paper. Duke University: Durham.

Rowntree, B. S. (1911). *Land and labour: Lessons from Belgium.* Macmillan.

Tilly, C. (1975). Reflections on the history of European state-making. In C. Tilly (Hrsg.), *The formation of national states in Europe* (S. 3–83). Princeton University Press.

Tollebeek, J., & Nys, L. (2006). *The city on the hill: A history of Leuven University 1968–2005.* Leuven University Press.

UNESCO. (1954). *The University teaching of social sciences: Sociology, social psychology and anthropology.* UNESCO.

Van Poucke, W. (1986). *Het scheermes van Ockham.* Hadewijch.

Vanacker, D. (2006). *Het activistisch avontuur.* Academia Press.

Vanderstraeten, R. (1996). L'évolution de la scolarisation en Belgique. Vers une nouvelle perspective sur l'expansion du système éducatif. *Eduquer & Former, 2*(8), 15–27.

Vanderstraeten, R. (2002). Cultural values and social differentiation: The Catholic pillar and its education system in Belgium and the Netherlands. *Compare: A Journal of Comparative and International Education, 32*(2), 133–148.

Vanderstraeten, R., & Van der Gucht, F. (2015). *De geschoolde maatschappij.* Acco.

Vanderstraeten, R., & Vandermoere, F. (2015). Disciplined by the discipline: A social-epistemic fingerprint of the history of science. *Science in Context, 28*(2), 195–214.

Verdoodt, A. (1971). The differential impact of immigrant French speakers on indigenous German speakers: A case study in the light of two theories. *International Migration Review, 5*(2), 138–146.

Verdoodt, A. (1977). *Les problèmes des groupes linguistiques en Belgique*. Institut de Linguistique de Louvain.

Verdoodt, A., & Kjolseth, R. (Hrsg.). (1976). *Language in sociology*. Institut de Linguistique de Louvain.

Verhoeven, J. (1982). Belgium: Linguistic communalism, bureaucratization and democratization. In H. Daalder & E. Shils (Hrsg.), *Universities, politicians and bureaucrats: Europe and the United States* (S. 125–171). Cambridge University Press.

Vilrokx, J. (1977). Sociologie-opleidingen in België. In P. G. Swanborn (Hrsg.), *Studeren in de sociologie* (S. 42–63). Nijgh & Van Ditmar.

Vogl, U., & Hüning, M. (2010). One nation, one language? The case of Belgium. *Dutch Crossing: A Journal of Low Countries Studies, 34*(3), 228–247.

Willemijns, R. (2013). *Dutch: Biography of a language*. Oxford University Press.

Wils, K. (1997). De verleiding van de sociologie: Belgische en Nederlandse katholieken en het positivisme (1880–1914). *Trajecta, 6*, 156–173.

Witte, E., & Van Velthoven, H. (2011). *Languages in contact and in conflict: The Belgian case*. Pelckmans.

Zolberg, A. R. (1976). Les origines du clivage communautaire en Belgique. Esquisse d'une sociologie historique. *Recherches Sociologiques, 7*(2), 150–170.

KAPITEL 4

Veröffentlichungen

Zusammenfassung Veröffentlichungen in „hochrangigen" Zeitschriften und Büchern sind zu den wichtigsten Formen der wissenschaftlichen Kommunikation geworden. In diesem Kapitel wird zunächst die Verbreitung und Institutionalisierung des Publikationsimperativs „publish or perish" untersucht. Anschließend werden detaillierte historische Analysen der sich verändernden Muster der wissenschaftlichen Zusammenarbeit und Kommunikation von Soziologen in Belgien vorgestellt. Diese Analysen konzentrieren sich auf die Spannungen zwischen der lokalen oder nationalen Ebene einerseits und den zunehmend globalen Netzwerken der wissenschaftlichen Kommunikation andererseits. Sie beleuchten auch die Auswirkungen der bestehenden Indikatoren für den Publikationsoutput und der so genannten leistungsbezogenen Finanzierungssysteme auf die Soziologie in Belgien.

In den beiden vorangegangenen Kapiteln haben wir erörtert, wie die Geschichte der Soziologie in Belgien durch spezifische soziokulturelle Faktoren, insbesondere durch religiöse und sprachliche Faktoren, bestimmt wurde. Wir haben versucht zu zeigen, wie die ideologischen und sprachlichen Spaltungen zwei Phasen der Expansion und Institutionalisierung der Soziologie in Belgien bestimmt haben, von denen die erste um 1900 und die zweite in den 1960er- und 1970er-Jahren einsetzte. Darüber hinaus haben wir versucht zu zeigen, wie einige für die belgische Soziologie charakteristische Forschungsstrategien vor dem Hintergrund dieser nationalen *Differentia Specifica* verstanden werden können. Dieses soziokulturelle Umfeld erklärt in hohem Maße, was von den in Belgien tätigen Soziologen systematisch behandelt wurde und was nicht.

In diesem Kapitel wird die Aufmerksamkeit auf die Muster der wissenschaftlichen Kommunikation unter Soziologen gelenkt. In einem ursprünglich 1942 veröffentlichten Aufsatz über die normative Struktur der Wissenschaft stellte Robert Merton „vier Gruppen institutioneller Imperative" vor, die „das Ethos der modernen Wissenschaft ausmachen" (1973, S. 270). Diese institutionellen Imperative waren Kommunalismus, Universalismus, Desinteresse und organisierter Skeptizismus (CUDOS). Der Kommunalismus bezieht sich auf das Gebot der öffentlichen Kommunikation von Forschungsergebnissen. „Geheimhaltung ist die Antithese dieser Norm, volle und offene Kommunikation ihre Ausprägung" (1973, S. 274).[1] Mertons Ansicht über die normative Struktur der Wissenschaft ist oft ahistorisch interpretiert worden; auch Merton selbst vertrat die Ansicht, dass diese Normen und Imperative funktional seien, dass sie für „das vollste Maß an Entwicklung" des wissenschaftlichen Systems sorgen könnten (1973, S. 270). Aber die Institutionalisierung dieser Normen und Imperative kann auch historisiert werden. Wir können ihre Ausarbeitung und die Art und Weise, in der sie die Durchführung wissenschaftlicher Forschung beeinflussen, berücksichtigen. In einer Art Rückkopplungsschleife üben Publikationsimperative Druck auf die wissenschaftliche Tätigkeit selbst aus, und sei es nur, weil diese Imperative die Arten von Forschung fördern, die leicht veröffentlicht und kommuniziert werden können (Stichweh, 1984, 1994; Lenoir, 1997).

In diesem Kapitel wird eine Analyse der sich verändernden Kommunikations- und Publikationsmuster von Soziologen in Belgien vorgestellt. Zunächst wird auf die Verbreitung und Institutionalisierung des wissenschaftlichen Publikationsgebots eingegangen: publish or perish. Anschließend werden wir detaillierte historische Analysen der sich verändernden Muster der wissenschaftlichen Zusammenarbeit und Kommunikation von Soziologen in Belgien vorstellen. Diese historischen

---

[1] In der ursprünglichen Formulierung aus der Zeit vor dem Kalten Krieg sprach Merton vom Imperativ des „Kommunismus". In späteren Versionen und Nachdrucken seines Artikels führte er den Begriff „Kommunalismus" ein. Er unterschied diesen Wissensansatz jedoch weiterhin von der Betonung des „Privateigentums" in kapitalistischen Volkswirtschaften. Indem sie ihre Arbeit patentieren lassen, können Wissenschaftler ihr geistiges Eigentum auch der Öffentlichkeit zur Verfügung stellen (Mersch, 2014).

Analysen zielen auch darauf ab, die Spannungen zwischen der lokalen oder nationalen Ebene einerseits und den zunehmend globalen Netzwerken der wissenschaftlichen Kommunikation andererseits zu untersuchen. Die jüngsten Veränderungen in der Kooperations- und Publikationskultur in Belgien erlauben es uns auch, die strukturellen Auswirkungen bestehender Indikatoren für den Publikationsoutput zu beleuchten, wie z. B. die vom *Web of Science* erfassten Zeitschriften und die so genannten leistungsbezogenen Forschungsfinanzierungssysteme. Die derzeitige dritte Expansionsphase der Soziologie in Belgien lässt sich am besten unter dem Gesichtspunkt der Publikationen und Publikationsimperative betrachten.

PUBLISH AND/OR PERISH

Eine frühe Diskussion über die „Funktion" der wissenschaftlichen Kommunikation findet sich im dritten Band von Herbert Spencers *Principles of Sociology* (1897). Nachdem er auf die zunehmende Spezialisierung und Differenzierung in den Berufen (zu denen auch seine „Männer der Wissenschaft" gehörten) hingewiesen hatte, argumentierte Spencer, dass dieser „Trend durch neue Formen der Integration, wie die „literarische Interkommunikation" zwischen den Mitgliedern der verschiedenen wissenschaftlichen Gemeinschaften, ausgeglichen werden müsse" (1897, S. 256). Für Spencer mussten Publikationsmedien wie Zeitschriften und Periodika die zunehmende Spezialisierung der wissenschaftlichen Arbeit ergänzen, um die „Integration ... der wissenschaftlichen Welt" zu fördern (1897, S. 256). Es scheint jedoch offensichtlich, dass die wissenschaftlichen Publikationsmedien nicht nur der Integration der wissenschaftlichen Welt als solcher dienen, sondern auch die Spezialisierung und Differenzierung in verschiedene Richtungen fördern können. Sie können auch die Ausbreitung höchst unterschiedlicher wissenschaftlicher Spezialisierungen ermöglichen (Abbott, 1999).

Obwohl es viele Möglichkeiten gibt, Forschungsergebnisse zu vermitteln – Bücher und Enzyklopädien, Konferenzen, Seminare, Workshops usw. – kann man behaupten, dass *Fachzeitschriften* das Medium der wissenschaftlichen Veröffentlichung schlechthin geworden sind (Vanderstraeten, 2010a). Mehr als Bücher offenbaren Zeitschriften den kollektiven Charakter der wissenschaftlichen Arbeit. Sie repräsentieren typischerweise die theoretische und methodische Vielfalt einer (Teil-)Disziplin, da sie aus einer Sammlung verschiedener Artikel von unterschiedlichen Autoren bestehen. Aber sie erleichtern nicht nur die Kommunikation zwischen Spezialisten, sondern kanalisieren auch die Kommunikation zwischen den

Mitgliedern dieser Gemeinschaften. Die Autoren von Artikeln akzeptieren meist die von der Zeitschrift gewählte Spezialisierung, aber sie verändern diese Spezialisierung auch ständig durch die kumulative Wirkung ihrer veröffentlichten Ergebnisse. In diesem Sinne „steuern" diese Zeitschriften und die darin enthaltenen Veröffentlichungen die Bildung von wissenschaftlichen Disziplinen.

Man kann hinzufügen, dass die Fachzeitschriften es ermöglichen, einen kleinen Teil der „legitimen" wissenschaftlichen Arbeit von anderen nichtwissenschaftlichen Unternehmungen zu trennen. Sie ermöglichen eine „Grenzarbeit"; sie machen es möglich, eine Unterscheidung zwischen akademisch legitimen Formen wissenschaftlicher Arbeit und rein populären oder gänzlich unwissenschaftlichen Unternehmungen zu treffen. Universitäre Fachzeitschriften haben oft ein Monopol auf die Definition der legitimen Formen wissenschaftlicher Arbeit beansprucht; diese Zeitschriften und ihre Redaktionen sind oft zum wichtigsten Vehikel für die wissenschaftlichen Ansprüche von Forschungsspezialisten geworden (Heilbron, 2015).

Die Zeitschriften und ihre Redaktionen sind somit in der Lage, den Zugang zur wissenschaftlichen Kommunikation zu regulieren und zu kontrollieren. Zahlreiche wissenschaftliche Normen wirken sich direkt auf das Publikationsverhalten aus (siehe Hirschauer, 2004). Die Diskussionen darüber, was eine gültige Veröffentlichung ist und was nicht, sind Jahrhunderte alt. Das derzeitige Peer-Review-System stellt eine Hürde dar, gewährt aber gleichzeitig eine minimale Form der Anerkennung oder Würdigung der veröffentlichten Forschungsergebnisse. Es bestätigt das, was die wissenschaftliche Gemeinschaft als „zertifiziertes" Wissen betrachtet (Garfield, 1985). Zweifellos haben die in den letzten Jahrzehnten entwickelten szientometrischen Instrumente – wie die *Journal Citation Reports* und die *Journal Performance Indicators* – die Relevanz und den Einfluss von Zeitschriften und Periodika gestärkt.

In den letzten Jahrzehnten hat sich die Veröffentlichung in Zeitschriften als privilegierte, wenn nicht gar kanonische Form der wissenschaftlichen Kommunikation etabliert (Bazerman, 1988; Gross et al., 2002). In vielerlei Hinsicht „kontrollieren" die Zeitschriften jedoch auch die Bildung wissenschaftlicher Disziplinen. Nicht jede Art von Kommunikation wird als „publikationsfähig" angesehen. Gegenwärtig gibt es eine Reihe von mehr oder weniger expliziten Normen oder Kriterien, die sich auf die Kommunikation von Forschungsergebnissen auswirken – zum Beispiel in Bezug auf die Abgrenzung wissenschaftlicher Probleme, die Spezifizierung theoretischer Hypothesen, die erforderlichen methodischen

Standards, die Darstellung der empirischen Befunde, die Verknüpfung mit früheren Veröffentlichungen anderer Wissenschaftler (durch Zitate und Verweise), die angemessene Länge einer einzelnen Veröffentlichung, die Zulässigkeit der Darstellung spekulativer Ideen und so weiter. Diese Normen werden in der Regel als selbstverständlich vorausgesetzt; sie werden meist als Grundprinzipien dargestellt, die bestimmte Standards gewährleisten und die weitere Forschung erleichtern sollen. Ähnlich wie Mertons Sicht auf das Ethos der modernen Wissenschaft werden diese Normen nicht als hochspezifische, kontingente Formen wahrgenommen, die Druck auf den Forschungsprozess ausüben und die Art und Weise bestimmen, wie die Teilnahme an der disziplinären Kommunikation möglich ist. Wie wir sehen werden, gab und gibt es jedoch eine Reihe von inter- und intradisziplinären Variationen sowohl bei den Publikationsformaten als auch bei den Formen des Zugangs zur akademischen Veröffentlichung.

Zugleich beeinflussen die Zeitschriften die zeitliche Struktur der wissenschaftlichen Arbeit. Die Periodizität des Erscheinens zwingt die Wissenschaftler, in regelmäßigen Abständen zu veröffentlichen: publish or perish. Der institutionalisierte Publikationszwang diskreditiert sogar Forschung, die noch nicht zu diesem Output geführt hat. Solange keine Ergebnisse (in Peer-Review- oder referierten Zeitschriften) veröffentlicht werden, ist es schwierig – sowohl institutionell als auch psychologisch –, bestimmte Forschungsprojekte abzuschließen. Die Forscher erhalten erst dann die Freiheit, etwas anderes zu tun und sich neuen Forschungsprojekten zuzuwenden, wenn sie die Ergebnisse ihres bisherigen Engagements ihren Kollegen über „geeignete" Stellen mitteilen konnten.

Angesichts dieses Publikationsgebots und seiner möglichen Folgen ist es sinnvoll, die sich wandelnden Formen und Formate der wissenschaftlichen Kommunikation in verschiedenen akademischen Forschungsbereichen zu beleuchten und zu analysieren. Eine soziologische Geschichte der wissenschaftlichen Kommunikationspraktiken kann ein zusätzliches Licht auf diese Forschungsfelder werfen. Empirische Analysen der privilegierten Publikationsorte und der privilegierten Publikationsformate innerhalb dieser Orte können uns helfen, strukturelle Muster in der Entwicklung von verschiedenen akademischen Forschungsfeldern und „nationalen" wissenschaftlichen Gemeinschaften zu erkennen, wie z. B. in der Soziologie in Belgien (siehe auch Vanderstraeten, 2010a; Jacobs, 2013).

In den letzten Jahrzehnten des 18. Jahrhunderts entstanden die ersten Fachzeitschriften, die sich an eine relativ breite, landesweite Gemeinschaft von Spezialisten richteten. Sie konzentrierten sich auf Fächer wie Chemie, Physik, Mineralogie oder Philologie. Im Bereich der Soziologie erschienen die ersten Fachzeitschriften in den letzten Jahrzehnten des neunzehnten Jahrhunderts. Dazu gehören die *Revue Internationale de Sociologie*, die 1892 von René Worms gegründet wurde, das *American Journal of Sociology*, das 1895 in Chicago als erste amerikanische Fachzeitschrift auf diesem Gebiet gegründet wurde, *L'Année Sociologique*, das u. a. von Émile Durkheim gegründet wurde und 1898 zum ersten Mal erschien, und *The Sociological Review* (1903 als *Sociological Papers* gegründet und 1908 zuerst unter dem heutigen Namen veröffentlicht). Seit dieser Zeit wurden zahlreiche weitere soziologische Zeitschriften in fast allen Teilen der Welt gegründet. Nicht alle diese Zeitschriften gibt es noch.[2] Einige von ihnen verschwanden bereits nach wenigen Ausgaben oder Jahren, andere konnten einen nachhaltigeren Eindruck hinterlassen. Aber diese Publikationsorte und ihre Geschichte liefern uns reiches Material für die soziologische Analyse der Geschichte der Soziologie selbst.

In den vorangegangenen Kapiteln haben wir uns bereits mit den in Belgien erschienenen soziologischen Zeitschriften befasst. Ideologische Spannungen bestimmten anfangs stark den Rahmen, in dem sich die akademische Soziologie in Belgien entwickelte. Wie wir in Kap. 2 gesehen haben, verlief die Hauptdifferenzierungslinie zwischen Brüssel und Louvain. Diese beiden Institutionen schufen auch ihre eigenen Publikationsorte. In Brüssel begann das Solvay-Institut 1920, also kurz nach dem Ende des Ersten Weltkriegs, mit der Herausgabe seiner *Revue de l'Institut de Sociologie*. Diese *Revue* löste andere Zeitschriften ab, die vor dem Krieg in Brüssel erschienen waren: *Intermédiaire Sociologique, Bulletin Mensuel, Archives Sociologiques*. Die Revue war als Plattform für die Arbeit und die Interessen der Mitglieder und Mitarbeiter des Instituts gedacht; ihre *Chronik* informierte die Leser auch systematisch über die Arbeit des Instituts.

Die *Société Belge de Sociologie*, die Ende des 19. Jahrhunderts an der Katholischen Universität Löwen als „un acte de foi dans la sociologie" (Jacquart, 1900–1901, S. 4), d. h. als ein Akt des Glaubens an die Sozio-

---

[2] Da einige Zeitschriften offiziell mit wissenschaftlichen Vereinigungen verbunden sind, können historisch-soziologische Analysen von Zeitschriften und wissenschaftlichen Vereinigungen komplementär sein. Für detaillierte Analysen soziologischer Vereinigungen siehe Platt (1998, 2003). Es sei hinzugefügt, dass nicht nur Zeitschriften oder wissenschaftliche Vereinigungen, sondern auch ganze wissenschaftliche Netzwerke oder Spezialisierungen manchmal aufhören zu existieren, wenn die Kommunikation zwischen den Spezialisten eingestellt wird. Für eine Diskussion über den „Tod" einiger Netzwerke siehe Fisher (1966) und Laudel et al. (2014).

logie, gegründet wurde, gab ihre eigenen Zeitschriften heraus. Neben der Zeitschrift *Le Mouvement Sociologique (International)*, die in erster Linie eine bibliographische Zeitschrift war, wollte die *Société* in den *Annales de Sociologie* Originalarbeiten ihrer Mitglieder veröffentlichen. Doch diese Publikationsorgane für die katholischen Interessen in der Soziologie waren nicht von ewigem Bestand. Von den *Annales* erschienen nur zwei Bände, und *Le Mouvement* verschwand noch vor Ausbruch des Ersten Weltkriegs.

Mehr als ein halbes Jahrhundert später, kurz nach der Teilung der Katholischen Universität Löwen und der Gründung zweier unabhängiger, einsprachiger katholischer Universitäten auf beiden Seiten der Sprachgrenze, wurde von Soziologen in Löwen-la-Neuve eine neue französischsprachige Soziologiezeitschrift mit dem Titel *Recherches Sociologiques* gegründet.[3] Sie erschien etwa 35 Jahre lang, erwies sich aber zu Beginn des einundzwanzigsten Jahrhunderts als nicht mehr lebensfähig. Jahrhunderts nicht mehr lebensfähig. Unter dem Druck sinkender Einreichungen und Abonnements fusionierte sie 2005 mit einer anthropologischen Zeitschrift, die von derselben Universität herausgegeben wurde, und wurde zu *Recherches Sociologiques et Anthropologiques* (siehe Fusulier, 2006; Hilgers & Dassetto, 2012).

In Kap. 3 haben wir die zunehmende Bedeutung regionaler und sprachlicher Identitäten in Belgien untersucht. Im flämischen Teil Belgiens wurde 1935 eine Zeitschrift mit Schwerpunkt auf wirtschaftlichen und sozialen Fragen (*Tijdschrift voor Economie en Sociologie*) gegründet. Sie wurde von der Vereinigung für Wirtschaftswissenschaften (*Vereeniging voor Economische Wetenschappen*) herausgegeben und befasste sich hauptsächlich mit sozioökonomischen Problemen. Die Gründung dieser Zeitschrift könnte als Zeichen dafür gewertet werden, dass die Soziologie ihre institutionelle Bindung an die juristischen und philosophischen Fakultäten lockerte und sich damit einer „empirischen Wende" zuwandte, doch auch diese Initiative war nur von kurzer Dauer. Die Zeitschrift wurde noch vor dem Ausbruch des Zweiten Weltkriegs eingestellt.

---

[3] Einer der Gründungsredakteure war Gérard Deprez, der zu dieser Zeit eine Doktorarbeit über die Funktionsweise der Europäischen Kommission vorbereitete (Deprez, 1974). Deprez zog jedoch eine Karriere in der Politik vor. Von 1981 bis 1996 war er Vorsitzender der Wallonischen Christlich-Sozialen Partei. Nach einer Reihe von Konflikten mit seinem Nachfolger gründete er zunächst eine neue politische Organisation, schloss sich aber schließlich dem liberalen *Mouvement Réformateur* an. Deprez ist derzeit Mitglied des Europäischen Parlaments.

Nach dem Zweiten Weltkrieg, als die zweite Phase der Expansion und Institutionalisierung der Sozialwissenschaften einsetzte, wurden an verschiedenen flämischen Universitäten lokale Publikationsorgane für soziologische Forschung gefördert, wie die *Politica Berichten* in Leuven (1950–1992) und die *Tijdschrift voor Sociale Wetenschappen* in Gent (1956–1997). Im Jahr 1979 wurde im niederländischsprachigen Teil Belgiens eine neue interuniversitäre, nationale Soziologiezeitschrift gegründet, die *Tijdschrift voor Sociologie*. Sie erschien mehrere Jahrzehnte lang, hatte aber auch mit anhaltenden Einreichungs- und Abonnementproblemen zu kämpfen (Jacobs & De Wit, 2004). Ihr Erscheinen wurde im Jahr 2013 eingestellt. Eine neue niederländischsprachige Zeitschrift mit dem Titel *Sociologos* wurde 2014 von der Flämischen Vereinigung für Soziologie (VVS) ins Leben gerufen, richtet sich aber vor allem an jüngere Forscher, insbesondere an Doktoranden. Trotz der Expansion der Soziologie in Belgien haben sich die meisten nationalen Publikationsorgane langfristig nicht als lebensfähig erwiesen.

Im Laufe der Jahre wurden jedoch auch Versuche unternommen, sich an der soziologischen Kommunikation auf internationaler Ebene zu beteiligen. Auch hier lassen sich verschiedene Möglichkeiten unterscheiden: Konferenzen, Verbände und Netzwerke, Publikationsorgane usw. Die frühen soziologischen Zeitschriften in Belgien versuchten ausdrücklich, ihre Leser über Veröffentlichungen und Entwicklungen in anderen Teilen der Welt zu informieren; sie zielten vor allem darauf ab, die Ergebnisse der internationalen Forschung an ihre Leser weiterzugeben. In den letzten Jahrzehnten des zwanzigsten Jahrhunderts definierte sich die *Tijdschrift voor Sociologie* teilweise noch als „Übersetzungszeitschrift". Sie veröffentlichte gekürzte niederländische Übersetzungen mehrerer soziologischer Klassiker (Durkheim, Weber, Tönnies, Halbwachs, Merton). Es wurden auch einige Übersetzungen in die andere Richtung versucht. Die Zeitschrift *Sociological Contributions from Flanders*, von der zwischen 1967 und 1971 drei Ausgaben erschienen, enthielt englische Artikel von in Flandern tätigen Soziologen (oft Übersetzungen von Beiträgen, die zuvor in einigen nationalen, niederländischsprachigen Zeitschriften erschienen waren). Ziel war es, die Arbeit der Soziologen auf „globaler" Ebene bekannter zu machen, obwohl viele der Artikel in gebrochenem Englisch verfasst waren.

Die Sprachkonflikte innerhalb Belgiens veranlassten auch die Soziologen in Flandern, Allianzen mit ihren niederländischen Kollegen zu suchen. Obwohl die soziologischen Zeitschriften in Flandern und den

Niederlanden in erster Linie „national" ausgerichtet waren, kam es zu einer gewissen Zusammenarbeit über die Staatsgrenze hinweg. Wie wir in den nächsten Abschnitten noch genauer sehen werden, haben Soziologen aus Flandern gelegentlich (wenn auch nicht regelmäßig) versucht, in niederländischen Zeitschriften zu veröffentlichen. Die französischsprachigen Soziologen in Belgien waren weniger geneigt oder in der Lage, aktiv zu wissenschaftlichen Zeitschriften beizutragen, die in Frankreich veröffentlicht werden. In der *Revue Française de Sociologie*, die oft als das Flaggschiff der modernen französischen Soziologie angesehen wird, wurden bisher nur acht Beiträge eines Autors veröffentlicht, der einer belgischen Institution angehört (jeweils einer in den folgenden Jahren: 1967, 1973, 1974, 1977, 1986, 1988, 1990 und 2010). Bei zwei dieser Beiträge hatte der Autor zudem eine doppelte Zugehörigkeit: die erste zu einer französischen und die zweite zu einer belgischen Einrichtung.

Der Publikationsdruck ist in den letzten Jahren nicht verschwunden – ganz im Gegenteil. Vor allem im flämischen Teil Belgiens werden Publikationen in ein sogenanntes leistungsbezogenes Forschungsfinanzierungssystem für die Universitäten einbezogen. Das 2003 in Flandern eingeführte Finanzierungssystem wurde von der niederländischen Politik inspiriert und basiert zum Teil auf Publikations- und Zitationsdaten aus den Citation Indexes des *Web of Science* (Debackere & Glänzel, 2004). In den Verwaltungszentralen der flämischen Universitäten wurde dieses leistungsbezogene Finanzierungssystem in verschiedene Anreize für Abteilungen und Einzelpersonen umgesetzt (Engels et al., 2012). Infolgedessen haben „bibliometrische" Indikatoren bei Einstellungs- und Beförderungsverfahren eine zentrale Bedeutung erlangt. Dies bedeutet, dass der wissenschaftliche Output gezählt und auf bestimmte Weise gewichtet wird; Abteilungen und Einzelpersonen werden dann in der Regel auf der Grundlage dieser Indikatoren verglichen und eingestuft.

Der Publikationsdruck wurde durch die Ungewissheit der Karrierestrukturen und -perspektiven noch verschärft. An den flämischen Universitäten ist in den letzten Jahrzehnten ein schnelles Wachstum der Zahl der Wissenschaftler zu beobachten. In Abb. 4.1 sind statistische Daten für einen Zeitraum von etwa 35 Jahren dargestellt; diese Daten beziehen sich auf eine aggregierte Ebene, da solche Daten auf Fachbereichsebene nicht verfügbar sind. In Anlehnung an die offiziellen Klassifizierungen wird in Abb. 4.1 zwischen Professuren (Prof.), Assistenten für Forschung und Lehre (Asst.) sowie Doktoranden und Postdoktoranden (Res.) an den flämischen Universitäten unterschieden. Abb. 4.1 vergleicht dann ins-

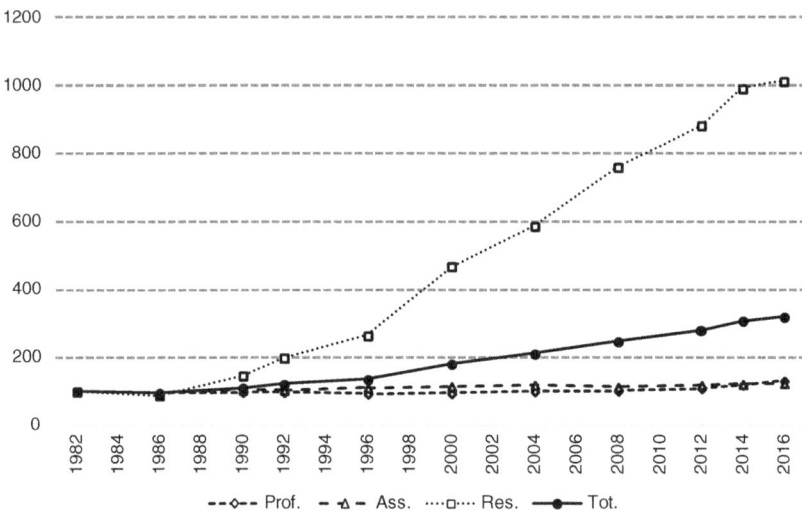

Abb. 4.1 Wachstum der Zahl der Forscher in Flandern, 1982–2016. (1982 = 100)

besondere die Zahl der Vollzeitstellen in jeder dieser Kategorien mit der Zahl im Jahr 1982. Während sich die Gesamtzahl der Wissenschaftler (Tot.) in diesem Zeitraum mehr als verdreifacht hat, sind die Unterschiede zwischen den Kategorien besonders bemerkenswert. Bei zwei dieser Kategorien ist das Wachstum relativ bescheiden: Die Zahl der Professuren blieb bis 2010 relativ stabil und stieg danach an, und die Zahl der Lehr- und Forschungsassistenten nahm in diesem Zeitraum leicht zu (+25 %). Die Zahl der Doktoranden und Postdoktoranden ist dagegen sehr stark gestiegen (+914 %). Diese Unterschiede sind zum Teil auf die Steuerbefreiungspolitik zurückzuführen, durch die die Forschungsstipendien für die Universitäten relativ billig geworden sind. Sie sind auch das Ergebnis der raschen Zunahme der extern finanzierten Forschung. Während die Wachstumsraten in den einzelnen Forschungsbereichen zweifellos unterschiedlich sind, hat das ungleiche Wachstum der Zahl der Stellen innerhalb jeder dieser Kategorien zu Engpässen in allen Forschungsbereichen geführt. In den letzten Jahrzehnten konnten nur 12 % der an einer flämischen Universität ernannten Postdocs eine Professorenstelle erhalten (Seeber et al., 2016). Es ist nicht schwer, sich vorzustellen, dass/wie die daraus resultierenden Karriereunsicherheiten zu einem verstärkten Wettbewerb unter den Mitgliedern der neuen Generationen führen. Für viele von ihnen, auch für diejenigen, die im Bereich der Soziologie arbeiten, heißt es nicht nur „publish or perish", sondern „publish and perish".

Diese jüngsten Änderungen haben auch Auswirkungen auf die wissenschaftlichen Gemeinschaften der Soziologie und der Soziologen. Wie wir noch näher erläutern werden, haben sich die Verzerrungen im *Web of Science* – das *Web of Science* bevorzugt Natur- und biomedizinische Wissenschaften gegenüber Sozial- und Geisteswissenschaften, Zeitschriften gegenüber Büchern und englischsprachige Zeitschriften gegenüber Zeitschriften in anderen Sprachen – auf der Ebene der flämischen Universitäten fortgesetzt und verstärkt. Obwohl in den letzten Jahren einige „Verfeinerungen" dieses leistungsbezogenen Finanzierungssystems eingeführt wurden, wird ein erheblicher Teil des Publikationsoutputs in den Sozial- und Geisteswissenschaften nach wie vor nicht oder zu wenig erfasst (Debackere & Glänzel, 2004; Ossenblok et al., 2012; Debackere & Veugelers, 2015). Keine der oben genannten „belgischen" Soziologiezeitschriften ist in WoS und seinen Indizes enthalten. Angesichts der veränderten Erwartungen in Bezug auf den internationalen Publikationsoutput sollte es nicht überraschen, dass die Verbände und Gemeinschaften für Soziologie und Soziologen in Belgien mit ernsthaften Nachteilen zu kämpfen haben.

Infolge dieser Veränderungen im Finanzierungssystem hat sich die Struktur von Doktorarbeiten drastisch verändert. Die meisten soziologischen Dissertationen bestehen nicht mehr aus einer Monographie, sondern aus einer Sammlung von vier (oder mehr) Artikeln. Die meisten dieser Artikel werden bei den offiziell „zertifizierten" Fachzeitschriften eingereicht und manchmal auch dort veröffentlicht. Darüber hinaus sind die meisten dieser Artikel gemeinsam verfasst, wobei die Betreuer als Mitautoren dieser Veröffentlichungen aufgeführt sind. In vielen Forschergruppen ist es inzwischen üblich, dass bei allen Veröffentlichungen von Nachwuchskräften die Betreuer als Mitautoren aufgeführt werden, unabhängig von ihrem Beitrag zu den Forschungsarbeiten, über die in diesen Veröffentlichungen berichtet wird. Für die Doktorväter und leitenden Mitarbeiter sind diese „Gratis-Mahlzeiten" eine Möglichkeit, ihre eigene Publikationszahl zu erhöhen und damit ihre Chancen auf mehr Fördermittel zu verbessern.

Vor dem Hintergrund dieser jüngsten Entwicklungen werden im Folgenden einige relevante Aspekte der Geschichte der soziologischen Publikationspraxis in Belgien näher beleuchtet. Aus Darstellungsgründen liegt der Schwerpunkt auf Aspekten, die sich auf der Grundlage eines umfangreichen quantitativen Datenmaterials gut behandeln lassen.[4] Wir werden uns auf Aspekte und Veränderungen konzentrieren, die bisher noch nicht explizit behandelt wurden. Im folgenden Abschnitt wird das Augenmerk auf die sich verändernden Formen der Einbeziehung in die Autorenrolle gelegt, d. h. auf die Zunahme der Koautorenschaft und auf die zeitlichen Veränderungen in der Vertretung von Frauen. Anschließend wird ausführlicher erörtert, wie nationale und transnationale Publikationskulturen auf beiden Seiten der belgischen Sprachgrenze Gestalt angenommen haben. Es werden einige kurze Vergleiche mit den Traditionen in den Niederlanden angestellt, um einen besseren Überblick über die Besonderheiten der belgischen Praktiken zu erhalten. Schließlich betrachten wir einige Auswirkungen der neuen Publikationszwänge in Flandern auf die Buchveröffentlichungen. Der Schwerpunkt dieses Kapitels liegt auf den jüngsten Veränderungen in der belgischen Soziologie und auf den künftigen Entwicklungen in diesem Bereich. Während wir zuvor die erste und zweite Phase der Expansion und Institutionalisierung der Soziologie in Belgien in Bezug auf Religion bzw. Sprache erörtert haben, ist es sinnvoll, den starken institutionellen Fokus auf den Publikationsoutput mit einer dritten Phase der Expansion zu verbinden.

Autoren und Artikel

Wie wir bereits erörtert haben, kanalisieren und gestalten Fachzeitschriften die wissenschaftlichen Kommunikationsprozesse. Sie tun dies in einer Weise, die vorstrukturiert, wie einzelne Autoren zu diesen Kommunikationsprozessen beitragen können (Stichweh, 1984, 1994; Bazerman, 1988). Sie haben weitreichende Konsequenzen für die gesellschaftliche Anerkennung relevanter Themen, legitimer Fragestellungen, angemessener theoretischer oder methodologischer Standards usw. Innerhalb der wissenschaftlichen Gemeinschaft gibt es heute eindeutig restriktive Bedingungen dafür, welche Art von Kommunikation für die Veröffentlichung in Zeitschriften akzeptabel ist. Aber auch Universitäten und Förderorganisationen

---

[4] Wie bereits erwähnt, macht es diese „internationale" Darstellung der Soziologie in Belgien schwierig, sich auf Ansätze zu stützen, die lange Zitate aus französischen oder niederländischen Quellen erfordern. Quantitatives Material kann einem viel breiteren Publikum präsentiert werden. Wir glauben jedoch, dass die Analysen dieses quantitativen Materials als Kontext für das Verständnis der gegenwärtigen Situation und als Leitfaden für die Zukunftsaussichten der Soziologie in Belgien dienen.

nutzen Bewertungssysteme, die auf dem Output in „hochrangigen" Zeitschriften basieren. Durch die Analyse verschiedener Aspekte des Kommunikationsflusses, der durch die Veröffentlichung in Zeitschriften entsteht, können wir also unser historisch-soziologisches Verständnis der Soziologie in Belgien erweitern.

Der Datensatz für die folgenden Analysen umfasst zunächst zwei der oben genannten, in Belgien erscheinenden Soziologiezeitschriften. Zum einen haben wir die französischsprachige Zeitschrift *Recherches Sociologiques* einbezogen, die 1970 von Mitgliedern der Katholischen Universität Louvain-la-Neuve gegründet wurde und 2005 mit einer lokalen anthropologischen Zeitschrift zu *Recherches Sociologiques et Anthropologiques* fusionierte. Andererseits haben wir die flämische *Tijdschrift voor Sociologie* aufgenommen, die zwischen 1980 und 2013 erschienen ist. Ebenso wie *Recherches Sociologiques* überlebte sie jedoch die anhaltenden Probleme mit der Einreichung und den Abonnements nicht. Ihr Nachfolger, der nun seit einigen Jahren erscheint, konzentriert sich weiterhin auf die Soziologie und trägt den Titel *Sociologos*.

Die Brüsseler *Revue de l'Institut de Sociologie* ist in diesem Datensatz nicht enthalten, obwohl diese Zeitschrift über einen langen Zeitraum hinweg überlebt hat. Wie das *Institut Solvay* hat die *Revue* jedoch traditionell ein sehr breites Themenspektrum behandelt. In einem „erklärenden" Leitartikel aus dem Jahr 1978 wird beispielsweise ausdrücklich darauf hingewiesen, dass die *Revue* für alle Human- und Sozialwissenschaften offen ist. Ein ähnliches multidisziplinäres Engagement findet man auf der Website der Revue.[5] Gleichzeitig hat die *Revue* trotz der Schwierigkeiten, die mit einer solchen Identität verbunden sind, großen Wert auf „progressive" (d. h. freidenkerische) und frankophone Anliegen gelegt.[6] In den 1980er- und 1990er-Jahren warnten die Redakteure die Leser immer wieder, dass sie keine Verantwortung für die in der *Revue* veröffentlichten Artikel übernehmen. Es ist schwer vorstellbar, dass sich diese Warnung auf die wissenschaftliche Qualität der Beiträge bezog; sie scheint sich vielmehr

---

[5] Siehe http://is.ulb.ac.be/index.php?page=presentation-revueis (letzter Zugriff am 2. Mai 2017).

[6] Anfang der 1960er-Jahre enthielt die *Revue* beispielsweise einen speziellen Anhang über die kommunistischen Länder Osteuropas. Ende der 1960er-Jahre wurde die soziologische Bedeutung der kubanischen Revolution erörtert. In den 1970er- und 1980er-Jahren enthielt die *Revue* Artikel über Abtreibung und die Verwendung von Verhütungsmitteln durch Frauen. Sie enthielt auch immer wieder apologetische Verteidigungen verschiedener Aspekte der „französischen Kultur", sowohl in Belgien als auch im Ausland.

auf die ideologischen Voraussetzungen oder Implikationen dieser Beiträge zu beziehen. Im Laufe der Jahre hat sich die Veröffentlichung der *Revue* zudem erheblich verzögert. Die letzte jetzt verfügbare Ausgabe ist die von 2010/2011. Bis zum Zeitpunkt der Abfassung dieses Buches scheinen keine neuen Ausgaben mehr zu erscheinen. Seit den frühen 1990er-Jahren hat die *Revue* zudem meist nur eine Ausgabe pro Jahr veröffentlicht. Nur wenige der Ausgaben enthalten unaufgeforderte, also freiwillig eingereichte Artikel. Einige sind speziellen Themen gewidmet, während andere die gesammelten Arbeiten einer einzelnen Person präsentieren. Die *Revue ist* also eher eine Buchreihe als eine Zeitschrift geworden. Sie unterliegt einer anderen Dynamik (wenn überhaupt). Aus all diesen Gründen war es nicht sehr sinnvoll, die Veröffentlichungen der Brüsseler *Revue de l'Institut de Sociologie* in die folgenden Analysen einzubeziehen.

Um jedoch eine langfristige und vergleichende Perspektive zu ermöglichen, haben wir auch zwei soziologische Zeitschriften aus den Niederlanden einbezogen, die traditionell eine zentrale Rolle innerhalb der niederländischen Soziologie spielen. *Mens & Maatschappij* (Mensch & Gesellschaft) wurde 1925 gegründet und existiert noch immer. Trotz einiger Höhen und Tiefen (Arts, 2000) erscheint sie seit mehr als neun Jahrzehnten ununterbrochen in regelmäßigen Abständen. Anfang der 2010er-Jahre gab es Pläne, die Zeitschrift mit der flämischen *Tijdschrift voor Sociologie* zu fusionieren, doch diese Pläne wurden nie realisiert. Die zweite niederländische Zeitschrift für Soziologie, *Sociologische Gids* (Soziologischer Kompass), wurde 1953 in Amsterdam gegründet. Diese Zeitschrift war sowohl ein Produkt als auch ein Faktor der Expansion der Soziologie in den Niederlanden nach dem Zweiten Weltkrieg (Brunt, 1994; Wilterdink & van Heerikhuizen, 2004). Im Jahr 2004, kurz nach ihrem 50-jährigen Bestehen, wurde die Zeitschrift jedoch eingestellt. Wie in den Leitartikeln der Ausgaben von 2004 wiederholt festgestellt wurde, zwang der anhaltende Mangel an (qualitativ hochwertigen) Einreichungen, der eine Folge der international ausgerichteten Publikationspolitik in den Niederlanden war, die Herausgeber, die Veröffentlichung der *Sociologische Gids* in ihrem bisherigen Format aufzugeben.[7] Die stärkere Betonung von Veröffentlichungen in WoS-indizierten, angel-

---

[7] *Die Sociologische Gids* schloss sich daraufhin mit einer anderen niederländischsprachigen Zeitschrift, nämlich der *Amsterdams Sociologisch Tijdschrift, zusammen,* die unter ähnlichen Problemen litt. Die neue Zeitschrift trägt den einfachen Titel *Sociologie*.

sächsischen Zeitschriften hat die Lebensfähigkeit der niederländischsprachigen Zeitschriften sowohl in Belgien als auch in den Niederlanden gefährdet (siehe Vanderstraeten, 2010a, b).

Wir haben diese niederländischen Zeitschriften einbezogen, um den Daten mehr Kontext zu geben. Wie Belgien sind auch die Niederlande ein relativ kleines europäisches Land, das historisch durch starke soziale Spaltungen (Versäulung) gekennzeichnet ist. Dennoch war die soziologische Gemeinschaft des Landes wichtig, insbesondere im niederländischsprachigen Teil Belgiens. Für die Soziologen in Flandern waren niederländische Zeitschriften und Bücher lange Zeit eines der wichtigsten Kommunikationsmedien, das sie in erster Linie nutzten, um sich über die Entwicklungen in der Soziologie zu informieren, aber auch um ihre eigenen Arbeiten in ihrer eigenen Sprache zu veröffentlichen.

Der Datensatz für die folgenden Analysen umfasst daher Veröffentlichungen aus *Mens & Maatschappij* (im Folgenden M&M), *Sociologische Gids* (SG), *Recherches Sociologiques* (RS) und *Tijdschrift voor Sociologie* (TvS). Ein Hinweis auf den „peripheren" Status dieser Zeitschriften ist die Tatsache, dass sie nicht in *Web of Science* und einem seiner Indizes enthalten sind. Wie bereits angedeutet, haben diese Datenbanken eine klare Ausrichtung auf englischsprachige Zeitschriften. M&M, SG, RS und TvS sind zwar in der Datenbank *Sociological Abstracts* indexiert, aber die inhaltliche Erfassung der älteren Jahrgänge dieser Zeitschriften ist hier oft unvollständig und fehlerhaft. Aus diesem Grund haben wir einen neuen Datensatz zusammengestellt – ausgehend von den Ausgaben der verschiedenen Zeitschriften selbst. Bei den Veröffentlichungen, zu denen im Folgenden Daten präsentiert werden, handelt es sich um alle in diesen Zeitschriften erschienenen Publikationen, mit Ausnahme von Forschungsnotizen, Übersichtsaufsätzen, Buchbesprechungen, Konferenzberichten, Nachrufen/Ehrungen, redaktionellen Kommentaren oder Einleitungen zu Sonderausgaben. Um uns auf historische Entwicklungen konzentrieren zu können, enthalten die Zahlen dreijährlich gleitende Durchschnitte.

Abb. 4.2 zeigt für jede der oben genannten Zeitschriften die Entwicklung der durchschnittlichen Anzahl der Autoren pro veröffentlichten Artikel. Bis in die 1960er-Jahre waren Veröffentlichungen mit mehreren Autoren die Ausnahme, doch in den letzten Jahrzehnten sind sie immer häufiger geworden (De Haan 1997). Im Jahr 1965 wurde jeder M&M-Artikel noch von einem Autor verfasst. Im Jahr 1985 waren 50 % der Artikel in Einzelautorenschaft verfasst, während im Jahr 2005 81 % in Ko-Autorenschaft veröffentlicht wurden. Die durchschnittliche Anzahl

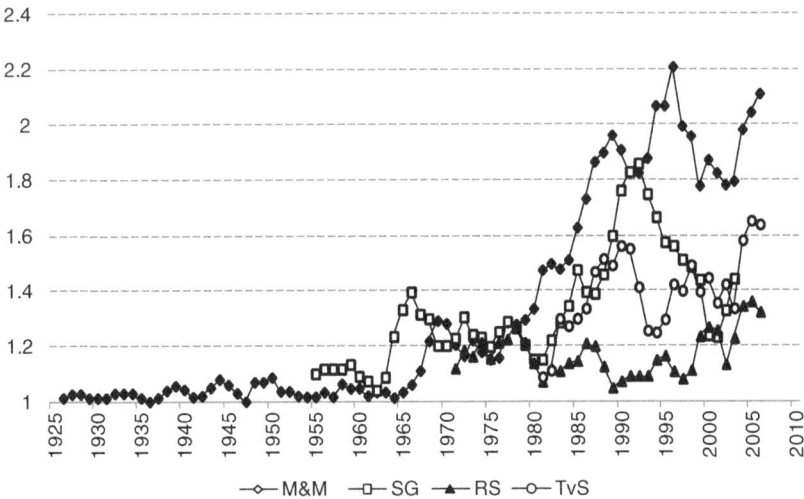

Abb. 4.2 Durchschnittliche Anzahl der Autoren pro Artikel pro Jahr. (Dreijährliche gleitende Durchschnitte)

der Autoren pro Artikel stieg von 1,0 im Jahr 1925 oder 1965 auf 1,6 im Jahr 1985 und 2,3 im Jahr 2005 (mit einer Standardabweichung von 0,73). Im Falle von SG, RS und TvS unterscheiden sich die Gesamttrends nicht sehr stark (abgesehen von einigen relativ starken Schwankungen). Auch hier dominierten in den ersten Jahrgängen Artikel mit nur einem Autor, während in den neueren Jahrgängen dieser Zeitschriften Veröffentlichungen mit 2, 3, 4 oder mehr Autoren immer häufiger werden. Immer mehr Forscher sind in der Lage, als Autoren zu wissenschaftlichen Diskussionen im Bereich der Soziologie beizutragen, da sowohl die Zahl der gemeinsam verfassten Artikel als auch die durchschnittliche Zahl der Koautoren pro Artikel gestiegen ist. Mit anderen Worten: Die aktive Teilnahme an diesen wissenschaftlichen Publikationsorganen wurde in den letzten Jahrzehnten erleichtert.

Man könnte also sagen, dass es nicht nur strukturelle Zwänge gibt, die regelmäßige und häufige Veröffentlichungen erfordern. Es gibt auch einen strukturellen Druck, der weg von Einzelautoren und hin zu Koautoren führt. 20 % aller M&M-Artikel, die zwischen 1925 und 2006 veröffentlicht wurden, waren von mehreren Autoren verfasst – im Gegensatz zu 14 % aller RS-Artikel, 23 % aller SG-Artikel und 28 % aller TvS-

Artikel, die bis 2006 veröffentlicht wurden. In den letzten Jahrzehnten sind Publikationen in M&M zudem häufiger von Koautoren verfasst worden und haben im Durchschnitt mehr Autoren als die Publikationen in den anderen Soziologiezeitschriften unserer Stichprobe. In diesem Zeitraum hat sich M&M jedoch auch zu der niederländischen Zeitschrift entwickelt, die am nachdrücklichsten empirische, quantitative Forschung veröffentlicht. Diese Art von Forschung wird in der Tat häufig in Teams durchgeführt. Der relativ hohe Anteil von Einzelautor-Publikationen in RS ist für französische Soziologie-Zeitschriften nicht ungewöhnlich (Pontille, 2003). Durch die Orientierung an Frankreich und seinen akademischen Traditionen ist die Soziologie im französischsprachigen Teil Belgiens nach wie vor durch eine stärkere Orientierung an der Philosophie und den Geisteswissenschaften gekennzeichnet. Die Betonung der individuellen, intellektuellen Einzelarbeit ist ein konstitutives Element dieser Tradition (Heilbron, 2015).

Um ein detailliarteres Bild von den Merkmalen der Autorenschaft zu erhalten, zeigt Abb. 4.3 die zeitliche Entwicklung des Anteils von Männern und Frauen unter den Zeitschriftenautoren. Aufgrund der langjährigen Konvention, Initialen anstelle der vollständigen Vornamen der Autoren zu verwenden, können hier nur Daten ab 1954 präsentiert werden.[8] In diesem Zeitraum von einem halben Jahrhundert sind die Veränderungen in SG deutlich zu erkennen. Von allen SG-Autoren waren nur 11 % Frauen. Bis Ende der 1960er-Jahre hatten Frauen kaum Zugang zur Veröffentlichung. In den letzten 20 Jahren ihres Bestehens schwankte ihr Anteil jedoch zwischen 7 und 25 %. Der Anstieg des Frauenanteils ist bei den Zeitschriften M&M und TvS deutlicher zu erkennen. Anfang der 1980er-Jahre gab es in diesen Zeitschriften fast keine Beiträge von Frauen;zZu Beginn des einundzwanzigsten Jahrhunderts machten Frauen jedoch im Durchschnitt ca. 30 % der Autorenschaft in beiden Zeitschriften aus. Bei RS sind die Veränderungen weniger unidirektional. In einigen der ersten Ausgaben dieser Zeitschrift waren Frauen gut vertreten, aber da-

---

[8] Wir danken dem verstorbenen J. E. Ellemers, einem der Gründungsherausgeber von SG, der uns bei der Vervollständigung der biografischen Informationen für eine ganze Reihe von niederländischen Autoren geholfen hat. Für SG konnten etwa 5 % (71 von 1395) der Autoren nicht nach Geschlecht kodiert werden. Für einen Großteil der Autoren der frühen M&M-Publikationen war es nicht möglich, zusätzliche Informationen über ihre Vornamen (Geschlecht) und institutionelle Zugehörigkeit zu finden. Abb. 4.3 und 4.4 decken daher nicht denselben Zeitraum ab wie Abb. 4.2.

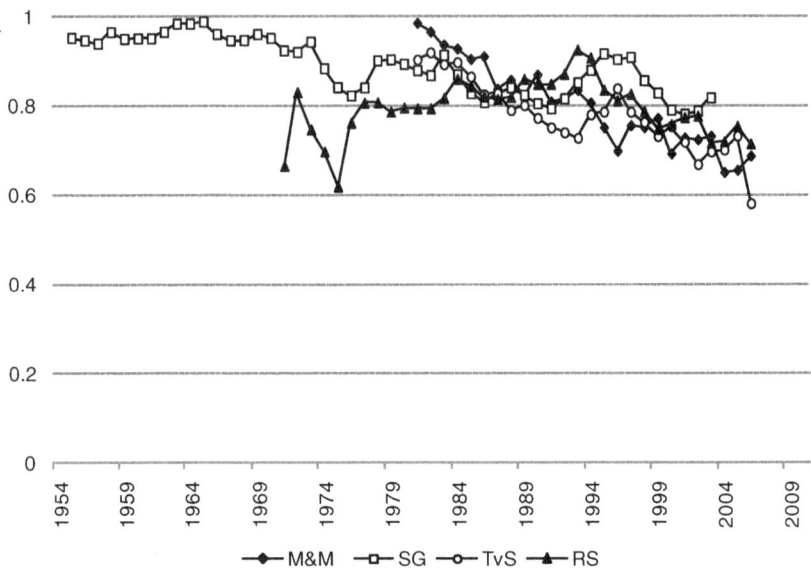

Abb. 4.3 Anteil der männlichen Autoren. (Dreijährliche gleitende Durchschnitte)

nach nahm ihre Beteiligung ab. Erst im Laufe der 1990er-Jahre stieg der Anteil der Autorinnen hier wieder an. Insgesamt ging dieser Anstieg des Frauenanteils mit dem Anstieg der durchschnittlichen Anzahl der Autoren pro Artikel einher.

Natürlich sind die Veränderungen in Bezug auf die Autorenschaft nicht nur für die soziologischen Veröffentlichungen in M&M, SG, RS und TvS charakteristisch. Ähnliche Trends wurden sowohl in anderen nationalen Gemeinschaften von Soziologen als auch in anderen akademischen Forschungsbereichen beobachtet (z. B. Clark, 1999; Pontille, 2003, 2006; Platt, 2007; Vanderstraeten et al., 2016; Raynaud, 2017). In Bereichen wie Physik, Biologie, Mathematik oder Informationswissenschaften sind wissenschaftliche Artikel, die nur von einem männlichen/ weiblichen Autor verfasst wurden, zu einer großen Ausnahme geworden. Forscherinnen und Forscher sind hier in die Lage versetzt worden, mit sehr kleinen eigenen Beiträgen an der Autorenrolle teilzuhaben. Aufgrund dieses Trends ist es auch immer schwieriger geworden, den „Autor" einer bestimmten (von mehreren Autoren verfassten) Veröffentlichung zu identifizieren. In ähnlicher Weise kann argumentiert werden, dass die zunehmende Verwendung von Verweisen auf andere Literatur (Zitate) in Veröffentlichungen ein Anzeichen für die „Entpersönlichung" der akademischen Welt ist. Texte stützen sich auf die Autorität anderer Texte, auf Texte, die das standardisierende – oft doppelt blinde – Begutachtungssystem durchlaufen haben. In Anlehnung an Michel Foucault (1995, S. 789–809) kann man vom Verschwinden oder Auslöschen des Autors sprechen. Vielleicht gehört es zu den Paradoxien unserer so genannten Audit-Gesellschaft (Power, 1997), dass Beiträge in wissenschaftlichen Zeitschriften in den letzten Jahren für die Bewertung einzelner Forscher/Autoren und Forschungsgruppen an Bedeutung gewonnen haben.

Infolge der Zunahme von Veröffentlichungen, an denen mehrere Autoren beteiligt sind, haben mehr Forscher und Forschungsgruppen die Möglichkeit, sich aktiv an der wissenschaftlichen Kommunikation zu beteiligen. Diese Erweiterung der Beteiligungsmöglichkeiten ermöglicht die Einbeziehung von mehr Wissenschaftlern in die Autorenrolle. Aber auch die belgischen Förderorganisationen und Universitäten drängen derzeit auf mehr internationale Veröffentlichungen in Zeitschriften und – in geringerem Maße – in Büchern; die spezifischen Bewertungskriterien, die diese Institutionen anwenden, berücksichtigen kaum noch nationale Orte der wissenschaftlichen Kommunikation.

National oder International

Um einige der historischen Besonderheiten der wissenschaftlichen Kommunikation in einem semiperipheren Teil der Welt der Wissenschaft zu beleuchten, gibt Abb. 4.4 einen Überblick über die Länderzugehörigkeit der Autoren von M&M, SG und TvS. Diese Abbildung macht sofort deutlich, dass die überwiegende Mehrheit der Autoren – ja, fast alle – in den Niederlanden tätig waren. Die Anwesenheit von „Ausländern" in den 1960er- und 1970er-Jahren war das Ergebnis einiger außergewöhnlicher Initiativen des Vorstands von SG, wie z. B. der Veröffentlichung von Sonderheften, zu denen diese Außenseiter eingeladen wurden, Beiträge zu leisten. Manchmal wurden auch Übersetzungen von Artikeln deutsch- oder englischsprachiger Autoren veröffentlicht. Gelegentlich enthielten diese Zeitschriften auch englischsprachige Artikel. In den letzten Jahren haben multinationale Forschungsprojekte manchmal zu gemeinsam verfassten, multinationalen Veröffentlichungen geführt. Die wichtigsten soziologischen Fachzeitschriften in Belgien und den Niederlanden gingen jedoch im Allgemeinen

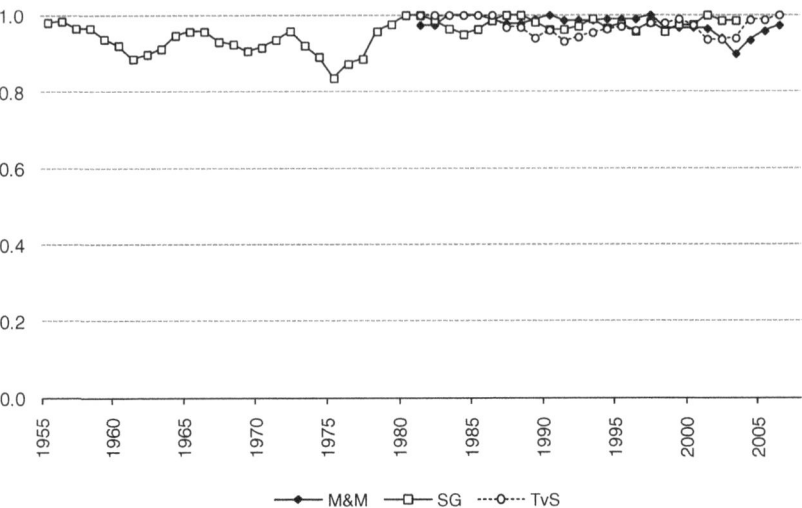

Abb. 4.4 Anteil der Autoren aus Belgien oder den Niederlanden

nicht über die Grenzen ihrer eigenen „nationalen" wissenschaftlichen Gemeinschaften hinaus. Im Laufe der Jahre ist es den Zeitschriften M&M, SG und TvS kaum gelungen, eine internationale Autorenschaft anzuziehen. Die langfristige Entwicklung der Veröffentlichungen in SG erlaubt es sogar, von einer *abnehmenden* Internationalisierung der niederländischsprachigen Soziologie zu sprechen.

Darüber hinaus lässt sich feststellen, dass jede dieser Zeitschriften ein relativ starkes nationales Profil bewahrt hat. Weniger als 2 % der Autoren (12 von 648), die vor 1980, d. h. vor der Gründung der TvS, in SG veröffentlicht haben, stammen aus Belgien. In den letzten Jahrzehnten hat sich die Situation nicht sehr verändert. Etwa 5 % der Autoren, die zwischen 1980 und 2000 in M&M oder SG veröffentlicht haben, arbeiteten zu dieser Zeit in Belgien. Eine etwas mildere Form der Schließung besteht in der anderen Richtung. 16 % der Autoren (84 von 521), die zwischen 1980 und 2005 in TvS publizierten, arbeiteten in den Niederlanden. Auch hier gilt: Diese Beteiligung findet nicht regelmäßig statt. Sie ist weitgehend auf unregelmäßige Initiativen zurückzuführen, vor allem auf die Veröffentlichung von Sonderheften mit eingeladenen Beiträgen. Ansonsten bleibt jede dieser Zeitschriften ziemlich stark in ihrem eigenen nationalen Kontext verankert.

Die Daten für RS konnten in Abb. 4.4 nicht berücksichtigt werden, da die Zeitschrift für eine lange Zeit keine Informationen über die institutionelle Zugehörigkeit ihrer Autoren lieferte. Trotz der unvollständigen Informationen kann man mit Sicherheit sagen, dass die RS internationaler ausgerichtet war als ihre flämischen oder niederländischen Pendants. RS präsentierte sich bald als eine Zeitschrift für die gesamte französischsprachige Welt. Vor allem in den Sonderheften enthielt RS regelmäßig auch Beiträge französischer und frankokanadischer Forscher. Die größere Reichweite von RS, zumindest im Vergleich zu den niederländischsprachigen Zeitschriften, machte sie mitunter für international bekannte Forscher attraktiv. Im Laufe der Jahre veröffentlichte RS Artikel von Autoren wie James Beckford, Luc Boltanski, Manuel Castells, Michel Crozier, Louis Dumont, Axel Honneth, Niklas Luhmann, Michel Maffesoli und Aristide Zolberg.[9] In diesem Sinne hatte RS eine größere internationale Reichweite als die niederländischsprachigen Soziologiezeitschriften in Belgien und den Niederlanden. Ihre Internationalität war jedoch weitgehend unidirektional. Die Redakteure von RS bemühten sich, ihren Lesern Erkenntnisse aus der internationalen Forschung zu vermitteln; sie versuchten, ihren Lesern einen Überblick über die internationalen Entwicklungen in der Soziologie zu bieten. Aber die Zeitschrift selbst blieb eine lokale Zeitschrift ohne großen Einfluss im weltweiten „Netz der Wissenschaft". Ihre lokale Bindung dominierte auch über ihre disziplinäre Zugehörigkeit. Aufgrund von Problemen bei der Einreichung und den Abonnements fusionierte sie 2005 mit einer anthropologischen Zeitschrift, die ebenfalls in Louvain-la-Neuve herausgegeben wurde.

In diesem Sinne kann die Situation der Soziologie in Belgien (und den Niederlanden) mit der eines Beobachters hinter einem Einwegspiegel verglichen werden. In beiden Regionen versuchen die belgischen (und niederländischen) Soziologen zu registrieren, was in anderen nationalen Wissenschaftsgemeinschaften vor sich geht, während ihre eigenen Aktivitäten von denen auf der anderen Seite des Spiegels unbeobachtet bleiben (siehe auch Heilbron, 1988).[10]

---

[9] Aristide Zolberg (1931–2013) wurde in Brüssel geboren und überlebte die Verfolgung durch die Nazis unter einer angenommenen katholischen Identität in Belgien, emigrierte aber 1948 als Flüchtling in die Vereinigten Staaten.

[10] Dieser Einwegspiegel ist jedoch sehr selektiv. Wie ein Blick auf die in den Zeitschriften M&M und SG rezensierten Bücher zeigt, fand die deutsche, französische und englische soziologische Literatur in den Niederlanden vor dem Zweiten Weltkrieg große Beachtung. Nach dem Krieg erlosch das niederländische Interesse an der Publikationsleistung der deutschen und französischen Soziologie jedoch fast vollständig. Stattdessen wurde die Orientierung an der englischsprachigen Literatur dominant und ist es bis heute geblieben (Heilbron, 1982).

Die Beteiligung französischsprachiger belgischer Soziologen an den großen niederländischsprachigen Soziologiezeitschriften ist nahezu inexistent. Mehrere flämische Soziologen leisteten jedoch Beiträge für RS. Vor allem für flämische Forscher mit Verbindungen zu katholischen Einrichtungen war RS ein wichtiges Publikationsorgan. Unter der Gastredaktion von zwei Soziologen aus Louvain-la-Neuve (Liliane Voyé und Jean Remy) und zwei Soziologen aus Leuven (Karel Dobbelaere und Jaak Billiet) widmete RS 1985 auch eine Sonderausgabe der Lage der Religion in Belgien. Aufbauend auf den Netzwerken der katholischen Säule in Belgien ermöglichte RS so mehreren flämischen Soziologen einen „internationalen" Austausch. Unter der Leitung von Albert Verdoodt widmete RS auch zwei Ausgaben der Stellung der sprachlichen Minderheiten (1977 bzw. 1983). Der Schwerpunkt dieser Ausgaben lag jedoch nicht auf den Besonderheiten des belgischen Falles; beide Ausgaben enthielten vielmehr Übersichten über ähnliche Fälle in anderen Nationalstaaten (wie die friesischen, rumänischen, finnischen und französisch-kanadischen Fälle). Was das Thema der sprachlichen Spannungen anbelangt, so war die Präsenz flämischer Autoren auf den Seiten von RS daher minimal.

Die ideologische und sprachliche Komplexität in Belgien wirkte sich auf verschiedenen Ebenen aus; sie führte zur Gründung verschiedener Forschungsinstitute, Zeitschriften, Verlage, Archive, wissenschaftlicher Vereinigungen usw. Die verschiedenen soziologischen Gemeinschaften entwickelten ihre eigenen Interessen und Sensibilitäten. In der zweiten Hälfte des zwanzigsten Jahrhunderts zeichneten sich diese Gemeinschaften durch starke interne und schwache externe Bindungen aus. Aber in der zweiten Hälfte des zwanzigsten Jahrhunderts wurden diese Gemeinschaften jedoch mit anderen Erwartungen konfrontiert. Die kommunikative Bedeutung der nationalen und regionalen Ebene wurde in mehrfacher Hinsicht in Frage gestellt (Crawford et al., 1993; Drori et al., 2003, S. 280–292). Die aktive Beteiligung an internationalen institutionellen Formen wie internationalen Zeitschriften und internationalen Verbänden wurde stärker in den Vordergrund gerückt. Auch den Soziologen diesseits und jenseits der belgischen Sprachgrenze, in Flandern und Wallonien, wurden einige Internationalisierungszwänge auferlegt.

Um die Reaktionen des Fachs auf diese Erwartungen zu beleuchten, gibt Abb. 4.5 einen Überblick über die Präsenz belgischer oder niederländischer Autoren in den weltweit führenden Soziologiezeitschriften, insbesondere in den Zeitschriften, die im Social Science Citation Index (SSCI) 2007 unter der Rubrik Soziologie aufgeführt sind. Bis in die

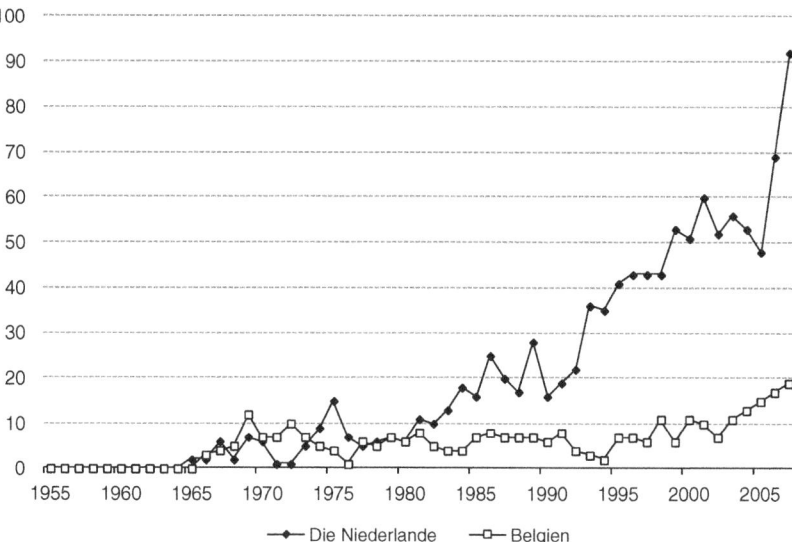

Abb. 4.5 Veröffentlichungen in SSCI-Fachzeitschriften. (absolute Zahlen)

1970er-Jahre gibt es kaum Unterschiede zwischen Belgien und den Niederlanden, einfach weil in beiden Ländern Soziologen kaum in den internationalen Zeitschriften ihres Fachs veröffentlichten. Ab der zweiten Hälfte der 1960er-Jahre nahm die globale Ausrichtung in den Niederlanden zu: zunächst ganz allmählich und dann immer deutlicher. Die Zunahme der Veröffentlichungen niederländischer Autoren in internationalen Zeitschriften ist zu Beginn des einundzwanzigsten Jahrhunderts sogar spektakulär. Für Soziologen, die in Belgien arbeiten, sind Veröffentlichungen in WoS- oder SSCI-Zeitschriften lange Zeit eher die Ausnahme geblieben. Einer der Hauptgründe für die bemerkenswerte Divergenz zwischen beiden Ländern ist die frühe Einführung eines leistungsbezogenen Finanzierungssystems an den niederländischen Universitäten. Seit Ende der 1980er-Jahre dominiert die Anzahl der Veröffentlichungen in SSCI-Zeitschriften die Forschungsbewertung (De Haan & Leeuw, 1997; Moed, 2005). Sowohl Forschungsstipendien als auch individuelle Beförderungen wurden von dieser Art von Output abhängig gemacht. Einige Jahre später wurden solche output- oder leistungsbezogenen Finanzierungssysteme auch in Flandern eingeführt. Die Unterschiede sind in Abb. 4.5 zu sehen. Die finanziellen Anreize haben fast sofort gewirkt.

Aber es ist auch sinnvoll, noch einmal auf einige der unbeabsichtigten Auswirkungen dieser Forschungspolitik hinzuweisen: Sie ist die Ursache für die Probleme der niederländischsprachigen Zeitschriften. Wen interessiert es, in niederländischsprachigen Zeitschriften zu publizieren, wenn diese Veröffentlichungen bei den offiziellen Forschungsbewertungen nicht berücksichtigt werden?

Interessant ist auch eine genauere Betrachtung der SSCI-Zeitschriften, in denen die Arbeiten von Autoren aus Belgien und den Niederlanden erschienen sind. Niederländische Autoren bevorzugen eindeutig englischsprachige Zeitschriften mit empirischer und/oder methodologischer Ausrichtung. Bis Anfang des 21. Jahrhunderts wurden die meisten ihrer Arbeiten in den folgenden soziologischen Fachzeitschriften veröffentlicht (in absteigender Reihenfolge): *Social Indicators Research, Sociologia Ruralis, European Sociological Review, Social Networks, Journal of Marriage and Family, Sociological Methods & Research, Journal of Mathematical Sociology* und *Social Compass*. Die „Welt" der belgischen Soziologie sieht anders aus. Eine einzige internationale Zeitschrift war bei den belgischen Autoren sehr beliebt: *Social Compass*. Von 1955 bis 2005 erschienen fast 42 % ihrer SSCI-Artikel in dieser Zeitschrift (114 von insgesamt 273). Die übrigen Artikel verteilten sich auf ein relativ breites Spektrum anderer SSCI-Zeitschriften, allerdings ohne besondere Präferenzen. Während der letzten Jahrzehnte war *Social Compass* eine zweisprachige, d. h. französisch-englische Zeitschrift, die sich der Religionssoziologie widmete und eng mit den katholischen Universitäten in Belgien (Louvain-la-Neuve und Leuven) verbunden war. Die Popularität von *Social Compass* zeugt natürlich von der katholischen Forschungstradition im Bereich der Religionssoziologie, auf die wir in Kap. 2 eingegangen sind, aber es sei auch erwähnt, dass der Impact-Faktor der Zeitschrift schon immer niedrig war; gegenwärtig liegt sie auf Platz 132 von 142 soziologischen Fachzeitschriften. Man könnte also auch fragen, wie global die belgische Soziologie tatsächlich ausgerichtet ist.

Social Compass ist die einzige belgische Zeitschrift, die im WoS unter der Rubrik Soziologie aufgeführt ist. Es handelt sich um eine lokale Zeitschrift, die gleichzeitig in einem der einflussreichsten Indizes für wissenschaftliche Veröffentlichungen enthalten ist. Im Laufe der Jahre hat sie den belgischen Soziologen, insbesondere den französischsprachigen und/oder katholischen Soziologen, den Zugang zum internationalen „Netz der Wissenschaft" erleichtert. Man kann sich jedoch fragen, ob diese und andere belgische Soziologiezeitschriften die Arbeit belgischer Soziologen in anderen Teilen der Welt sichtbar gemacht haben. Die Popularität des

„belgischen" *Social Compass* ist jedoch Teil einer breiteren Reaktion. Angesichts der Publikationszwänge gehen die belgischen Sozialwissenschaftler „auf Nummer sicher". Trotz einer gewissen Kritik am „System" suchen sie nach Nischen im systemzertifizierten internationalen Netz der Wissenschaft, in denen sie ihre Arbeit problemlos veröffentlichen können.

Mit Robert Merton und anderen kann behauptet werden, dass Veröffentlichungen, insbesondere in Fachzeitschriften mit Peer-Review, ein Symbol für wissenschaftliche Autonomie und Unabhängigkeit sind. Sie ermöglichen eine „Grenzarbeit"; sie machen es möglich, zwischen einem kleinen Korpus legitimer wissenschaftlicher Arbeit und anderen Unternehmungen zu unterscheiden. In den letzten Jahrzehnten ist der Publikationsoutput jedoch Teil der Wissenschaftspolitik geworden. Einige Datenbanken mit wissenschaftlichen Veröffentlichungen sind zu Instrumenten der politischen Entscheidungsträger geworden. Die in den obigen Zahlen dargestellten Ergebnisse zeigen, wie anfällig die wissenschaftlichen Gemeinschaften in Belgien für diesen Druck sind. Nicht die Qualität, sondern die Anzahl der Veröffentlichungen in WoS-indizierten Zeitschriften zählt. In diesem Sinne ist der jüngste Fokus auf Publikationszahlen zu einem Symbol für den Mangel an wissenschaftlicher Autonomie und Unabhängigkeit geworden (siehe Vanholsbeeck, 2012, 2016). Trotz der jüngsten Expansion des akademischen Systems in den verschiedenen Teilen Belgiens ist die Lebensfähigkeit der „nationalen" Traditionen auch durch die Formen der „Selbstregulierung" bedroht, die von neoliberalen Regierungen den Universitäten, Fachbereichen und einzelnen Forschern auferlegt werden.

Orte der Veröffentlichung

Um unsere Analysen abzuschließen, werden wir einige Auswirkungen der Anreizstrukturen, die in die neuen „leistungsbezogenen" Hochschulfinanzierungssysteme integriert sind, genauer betrachten. Wie bereits erwähnt, hat sich in Belgien die politische Zuständigkeit für Bildung und Wissenschaft schrittweise von der nationalen (oder föderalen) auf die regionale Ebene verlagert. Mehr als zwei Drittel des gesamten öffentlichen Budgets für Forschung und Entwicklung werden nun auf der Ebene der Regionalpolitik verteilt (Debackere & Glänzel, 2004; Debackere & Veugelers, 2015).[11] Dieses Budget ist in eine Reihe von Fonds aufgeteilt. Vor allem

---

[11] Die Beiträge zu einigen kostspieligen internationalen Forschungsprogrammen, wie den von der European Space Association (ESA) koordinierten Programmen, werden weiterhin auf belgischer oder nationaler Ebene finanziert. Auch eine Reihe von Museen und Archiven wird weiterhin von der nationalen Regierung finanziert.

in der flämischen Region wird ein großer Teil davon inzwischen auf der Grundlage von outputbezogenen Indikatoren wie der Zahl der Bachelor- und Masterabsolventen, der Zahl der Promotionen und der Zahl der Veröffentlichungen und Zitationen auf die verschiedenen Universitäten verteilt. Die Zahlen zu Veröffentlichungen und Zitationen wurden ursprünglich der Datenbank *Web of Science* entnommen, was bedeutete, dass *nur* Veröffentlichungen und Zitationen in Zeitschriften (oder Büchern), die im Science Citation Index Expanded von WoS erfasst sind, berücksichtigt wurden. Dieses leistungsbezogene Finanzierungssystem wurde 2003 eingeführt. Verschiedene Kontroversen über die Verwendung dieser WoS-Daten zur Messung des wissenschaftlichen Outputs in einer Reihe von Forschungsbereichen, einschließlich der Sozial- und Geisteswissenschaften, führten jedoch zu einigen Verfeinerungen des flämischen Finanzierungssystems.

Die Anpassungen des Finanzierungssystems führten insbesondere zur Verwendung von mehr WoS-Indizes, einschließlich des Social Science Citation Index, und zum Aufbau einer zusätzlichen „akademischen bibliografischen Datenbank für die Sozial- und Geisteswissenschaften". Diese zusätzliche Datenbank listet Zeitschriften und Bücher auf, die nicht im WoS enthalten sind, die aber als „international" gelten. Die Entscheidung über die Aufnahme solcher Zeitschriften und Bücher in diese Datenbank wird von einer offiziell ernannten Gruppe von Wissenschaftlern getroffen, die hochtrabend als „Autoritätskommission" bezeichnet wird. In Anlehnung an die WoS-Verfahren beabsichtigt diese Kommission, ihre Entscheidungen auf eine Bewertung des Peer-Review-Systems zu stützen, mit dem der Zugang zu diesen Zeitschriften und Buchverlagen kontrolliert wird (zum Aufbau und zum Auswahlverfahren dieser Datenbank siehe Verleysen et al., 2014). Infolgedessen tragen nun auch eine Reihe von nicht-WoS-indizierten Publikationen zur Verteilung der Forschungsmittel in Flandern bei. Aber weder die flämische *Tijdschrift voor Sociologie* (in den Jahren vor ihrem Verschwinden) noch die französischsprachige *Recherches Sociologiques (et Anthropologiques)* wurden jemals aufgenommen.

Ergänzend zu unseren Analysen von Zeitschriftenpublikationen ist es sinnvoll, die Daten zu Buchpublikationen in dieser neu geschaffenen flämischen akademischen bibliographischen Datenbank zu nutzen. In einigen neueren Studien wurden die Auswirkungen politischer Änderungen in Bezug auf die Einbeziehung und Messung von Buchveröffentlichungen in den Sozial- und Geisteswissenschaften auf der Grundlage dieser Datenbank genauer analysiert. In einer interessanten Arbeit nutzen Verleysen und Engels (2014a, b) die sogenannten Baryzentren, um die Internationalisierung der wissenschaftlichen Buchveröffentlichungen in diesen Bereichen in Flandern zu messen. Ein Baryzentrum ist hier definiert als der imaginäre Punkt, an dem eine flache Weltkarte ins Gleichgewicht käme, wenn darauf Gewichte mit gleichem Wert so platziert würden, dass jedes Gewicht den Erscheinungsort eines Buches oder Buchkapitels darstellt. Abb. 4.6 vergleicht das Baryzentrum für alle Buchveröffentlichungen in den Sozial- und Geisteswissenschaften mit dem Baryzentrum der flämischen Universitäten. Wir haben ArcGIS verwendet, um diese Karte zu zeichnen.

In mehreren Fällen würde das Baryzentrum der Buchveröffentlichung in Flandern liegen: zum Beispiel, wenn alle enthaltenen Bücher und Buchkapitel in Flandern veröffentlicht worden wären, wenn die internationalen Veröffentlichungsorte gleichmäßig über die ganze Welt verteilt wären oder wenn eine andere Art von internationalem Gleichgewicht erreicht worden wäre (z. B. hohe Anteile in England und Deutschland). Der „durchschnittliche" Schwerpunkt der Veröffentlichungsorte liegt jedoch im Ärmelkanal. Dieser liegt nicht nur weit außerhalb von Flandern oder Belgien. Dieses Baryzentrum liegt vor allem etwa 450 km westlich von Flandern und etwa 50 km südwestlich von Weymouth in Dorset.[12] Dieser imaginäre Gleichgewichtspunkt verdeutlicht die Bedeutung nichtflämischer Verlage für die Buchveröffentlichungen flämischer Gelehrter. Die geografischen Entfernungen zum Ort der Zugehörigkeit der beteiligten Gelehrten, d. h. zu einer der flämischen Universitäten, zeigen auch die relativ geringe Rolle der belgischen Buchverlage in dieser offiziellen Datenbank. Darüber hinaus ist der Standort des Barycenters besonders bezeichnend für das Gewicht der britischen und amerikanischen Verlage. In diesem Fall ist die Publikationssprache der Bücher auch eindeutig mit dem Publikationsort verknüpft; insbesondere britische und amerikanische Verlage veröffentlichen nur selten Bücher in anderen Sprachen als Englisch.

Für die fünf aufeinanderfolgenden Zweijahreszeiträume zwischen 2002 und 2011 zeigen Verleysen und Engels (2014a, b) ebenfalls eine relativ eindeutige Verlagerung nach Südwesten. Sie haben außerdem Daten auf der Ebene der Fachbereiche und Disziplinen berechnet. Für die Sozial-

---

[12] Die Anwendung der Barycentermethode ist jedoch nicht unproblematisch. Die Interpretation der Ergebnisse wird zum Beispiel dadurch erschwert, dass die Erscheinungsorte der Bücher sehr weit auseinander liegen können. Die Hinzufügung einiger amerikanischer Veröffentlichungen kann das Bild erheblich verändern. Die Gesamttendenzen bei diesen „zertifizierten" Buchveröffentlichungen in Flandern sind jedoch unbestreitbar.

Abb. 4.6 Barycentres für die Erscheinungsorte von Büchern in den Sozial- und Geisteswissenschaften und für die flämischen Universitäten

und Geisteswissenschaften erstrecken sich die Standorte der Baryzentren von einem Punkt nahe der belgisch-französischen Grenze (für die Sprachwissenschaften) bis zur Mitte des Atlantiks (für die Psychologie). Für die Soziologie befindet sich das Baryzentrum irgendwo dazwischen, nämlich südlich von Cork in Irland. Für einige Disziplinen sind Verlage in Kontinentaleuropa nach wie vor wichtig, während andere eindeutig Verlage in Großbritannien oder den USA bevorzugen. Für die Soziologie in Flandern spielen heute sowohl britische als auch (in geringerem Maße) amerikanische Verlage eine dominierende Rolle.[13]

Die politischen Entscheidungsträger in Flandern mögen die Ergebnisse ihrer Maßnahmen feiern; sie mögen die zunehmende Internationalisierung der Sozial- und Geisteswissenschaften feiern. Aber ihr leistungsorientiertes Finanzierungssystem führt auch zu anderen Konsequenzen. Die Internationalisierung geht mit einer Reihe von anderen Erwartungen einher. Um bei einem internationalen Verlag mit Sitz in einem anderen Land veröffentlicht zu werden, muss beispielsweise das Thema des Buches oder Buchkapitels für eine nicht-lokale Leserschaft relevant sein. Theorien, Methoden und Daten müssen den Erwartungen der von diesen Verlagen ausgewählten Gutachter entsprechen; die Darstellungsweise muss internationalen, d. h. angelsächsischen Standards genügen. Das leistungsorientierte Fördersystem ging also nicht nur mit einer Abwertung der „nationalen" Publikationsorte und ihres Publikums einher. Die Internationalisierungsimperative haben gleichzeitig zur Bildung eines internationalen Fächerkanons und einer internationalen Hierarchie beigetragen, die von Wissenschaftlern, Zeitschriften und Verlagen aus dem angelsächsischen Raum dominiert wird.[14]

---

[13] Einige der Unterschiede in der Publikationspraxis zwischen Fachbereichen lassen sich auch innerhalb einzelner Fachbereiche feststellen, z. B. in der Soziologie. Clusteranalysen des Publikationsoutputs in der Soziologie zeigen zwei ausgeprägte Cluster: Einige Forschungsgruppen haben ein relativ starkes „nationales" Profil beibehalten, während sich andere Gruppen nun auf Publikationen mit mehreren Autoren in WoS-indexierten Zeitschriften spezialisiert haben (Verleysen & Weeren, 2016).

[14] 2016 wurde in Brüssel auch ein englischsprachiger Bachelor-Studiengang in den Sozialwissenschaften eingerichtet (aufbauend auf der „antiklerikalen" Zusammenarbeit zwischen der Flämischen Freien Universität Brüssel und der Universität Gent). Bei der Rekrutierung von Studierenden richtet sich dieser neue Studiengang vor allem an die schnell wachsende Bevölkerung ausländischer Herkunft in Brüssel, die inzwischen etwa ein Drittel der Gesamtbevölkerung ausmacht und für die keine der belgischen Sprachen ihre Muttersprache ist. Die meisten Dozenten dieses Programms wurden jedoch bisher innerhalb Flanderns rekrutiert.

Die Veränderungen im Finanzierungsumfeld der Soziologie haben zu anderen Erwartungen und Imperativen geführt. Die Output-Indizes werden nicht nur zur Beschreibung, sondern auch zur Kontrolle des Publikationsoutputs verwendet. Die komplexe akademische Welt richtet sich nun zunehmend nach diesen Indizes; die mögliche Vielfalt der Forschungs- und Publikationsstrategien wird auf das reduziert, was zählt. Der Druck auf bestimmte Arten von Veröffentlichungen veranlasst die Forscher, „auf Nummer sicher zu gehen" (Turner, 2014). Die neuen Anreizstrukturen führen dazu, dass Forschung leicht in „zertifizierten" Publikationsorganen veröffentlicht wird. Die Bewertungskriterien führen zu einer Konsolidierung dessen, „was Erfolg garantiert"; sie führen zur Suche nach Nischen mit relativ niedrigen Ablehnungsquoten. In diesem Finanzierungs- und Bewertungsumfeld werden die Forscher dazu angehalten, einen hohen und stetigen Publikationsoutput zu gewährleisten. Zeitaufwändige und innovative Forschung wird nun in der Regel vermieden, da sie den kurzfristigen Publikationsoutput gefährdet und sich daher möglicherweise nicht auszahlt. Vor allem promovierende und neu promovierte Forscher werden nachdrücklich dazu angehalten, die neuen „Chancen" zu nutzen, die ihnen die Fördereinrichtungen und Universitäten bieten sollen, weil ihre künftigen Karrierechancen von der Gesamtzahl der „zertifizierten" Veröffentlichungen abhängen, die sie in ihrem Lebenslauf aufführen können.

Wie bereits in den vorangegangenen Kapiteln angedeutet, haben die neuen Publikationsimperativen erhebliche Auswirkungen auf die Berufungs- und Beförderungspolitik an belgischen Universitäten. Einzelpersonen werden nach ihrer Leistung in den in Flandern verwendeten akademischen Datenbanken bewertet; sie werden auf der Grundlage der Anzahl und des Gewichts ihrer Veröffentlichungen in diesen Datenbanken eingestuft. Diese bibliometrischen Indikatoren haben nicht nur zu einem starken Anstieg von Publikationen mit Ko-Autorenschaft geführt. Lokale Variationen in der Zusammensetzung dieser Indikatoren, z. B. in Bezug auf die Gewichtung der verschiedenen Publikationstypen oder die Berechnung des Gewichts der Koautorenschaft, haben auch zu lokalen Variationen in der Publikationskultur geführt. Obwohl sich die Datenbanken also auf die Internationalisierung konzentrieren, erzwingen sie *eher eine institutionelle Schließung* innerhalb Flanderns und Belgiens. Um bei diesen Indikatoren gut abzuschneiden, muss man die Spielregeln in all ihren spezifischen Details kennen. Infolge der Verbreitung dieser Imperative und Indikatoren kann ein hohes Maß an Inzucht aufrechterhalten und legitimiert werden (Seeber et al., 2016). Außenseiter haben es schwer, mit

Insidern zu konkurrieren, d. h. mit Forschern, die bereits zu einem frühen Zeitpunkt ihrer Karriere in diesem Umfeld sozialisiert und „diszipliniert" wurden.

Schlussfolgerung

In Belgien herrschten lange Zeit ideologische und sprachliche Spaltungen vor. Der Markt für soziologische Veröffentlichungen war stark zersplittert; die verschiedenen Forschungsgemeinschaften stützten sich auf ihre eigenen soziologischen Lehrpläne, Forschungsinstitute, Zeitschriften und Verlage. Diese Gemeinschaften waren daher klein und anfällig für Druck von außen. Auch die Geschichte der Publikationsorte war nicht durch große Kontinuität gekennzeichnet. Die meisten soziologischen Zeitschriften konnten durch ungünstige Ereignisse oder Umstände gefährdet werden, weil sie an relativ kleine wissenschaftliche Netzwerke gebunden waren. Soziologen in Belgien konnten im Gegensatz zu Soziologen in einer Reihe von Nachbarländern keine eigene, relativ stabile Infrastruktur für die wissenschaftliche Arbeit aufbauen und aufrechterhalten (siehe auch Kropp, 2016).

Allerdings müssen die nationalen soziologischen Gemeinschaften heute in einem zunehmend globalisierten Kontext agieren. In den letzten Jahrzehnten sind einige nationale – insbesondere angelsächsische – Zeitschriften faktisch zu globalen Zeitschriften geworden (gemessen an der Zusammensetzung ihrer Redaktionen, den Nationalitäten ihrer Autoren und Abonnenten oder ihren Impact-Faktoren). Andere sind es nicht. Die Stärkung supranationaler Netzwerke hat sich auf unterschiedliche Weise auf verschiedene nationale Gemeinschaften und ihre Publikationsorte ausgewirkt. Bücher und Zeitschriften, die nicht in englischer Sprache erhältlich sind, sind außerhalb der Sprache, in der sie veröffentlicht wurden, mehr oder weniger unsichtbar geworden. Die nationalen Gemeinschaften der belgischen Soziologen scheinen viel von ihrer wissenschaftlichen Relevanz verloren zu haben. Die neuen Publikations- und Internationalisierungszwänge haben jedoch nicht zu einer Institutionalisierung einer offenen, internationalen Ausrichtung geführt. Die Abhängigkeit von quantitativen Methoden der Überwachung und Regulierung wurde verstärkt. Rankings basieren derzeit meist auf der reinen Anzahl von Publikationen. Auch die relevante soziologische Welt hat sich verkleinert; sie ist in vielerlei Hinsicht kleiner als früher. Die Optionen, die heute in Belgien und insbesondere in Flandern verfolgt werden, machen es den Forschern besonders schwer, von den Konventionen der angelsächsischen Mainstream-Forschung abzuweichen.

Literatur

Abbott, A. (1999). *Department & discipline: Chicago sociology at one hundred*. University of Chicago Press.

Arts, W. (2000). Trends en lotgevallen: Mens en Maatschappij in de afgelopen 25 jaar. *Mens & Maatschappij, 75*(2), 151–162.

Bazerman, C. (1988). *Shaping written knowledge: The genre and activity of the experimental article in science*. University of Wisconsin Press.

Brunt, L. (1994). De leidsman ingehaald. Opmerkingen over de veertigjarige Sociologische Gids. *Sociologische Gids, 41*, 7–24.

Clark, R. (1999). Diversity in sociology: Problem or solution? *The American Sociologist, 30*(3), 22–41.

Crawford, E., Shinn, T., & Sörlin, S. (1993). *Denationalizing science*. Kluwer.

Debackere, K., & Glänzel, W. (2004). Using a bibliometric approach to support research policy making: The case of the Flemish BOF-key. *Scientometrics, 59*(2), 253–276.

Debackere, K., & Veugelers, R. (2015). Het Vlaamse landschap wetenschap, technologie en innovatie. In ECOOM (Hrsg.), *Vlaams Indicatorenboek 2015 Wetenschap Technologie Innovatie* (S. 6–11). Vlaamse Overheid.

Deprez, G. (1974). *La Commission des Communautés Européennes: Essai sociologique sur une organisation captive*. Ph.D. dissertation, UCL, Louvain-la-Neuve.

Drori, G. S., Meyer, J. W., Ramirez, F. O., & Schofer, E. (2003). *Science in the modern world polity*. Stanford University Press.

Engels, T. C., Ossenblok, T. L., & Spruyt, E. H. (2012). Changing publication patterns in the social sciences and humanities, 2000–2009. *Scientometrics, 93*(2), 373–390.

Fisher, C. S. (1966). The death of a mathematical theory: A study in the sociology of knowledge. *Archive for History of Exact Sciences, 3*(2), 137–159.

Foucault, M. (1995). *Dits et écrits I*. Gallimard.

Fusulier, B. (2006). Recherches sociologiques et anthropologiques: un changement dans la continuité. *Recherches Sociologiques et Anthropologiques, 37*(1), 1–2.

Garfield, E. (1985). *The awards of science and other essays*. ISI Press.

Gross, A. G., Harmon, J. E., & Reidy, M. (2002). *Communicating science: The scientific article from the 17th century to the present*. Oxford University Press.

de Haan, J. (1997). Authorship patterns in Dutch sociology. *Scientometrics, 39*(2), 197–208.

de Haan, J., & Leeuw, F. L. (1997). Sociology in the Netherlands. *The American Sociologist, 26*(4), 70–87.

Heilbron, J. (1982). Franse sociologie in Nederland: Receptiepatronen in de Nederlandse sociologie. *Sociodrome, 7*(4), 8–12.

Heilbron, J. (1988). Particularités et particularismes de la sociologie aux Pays-Bas. *Actes de la Recherche en Sciences Sociales, 14*(3), 76–81.

Heilbron, J. (2015). *French sociology*. Cornell University Press.
Hilgers, M., & Dassetto, F. (2012). Appréhender les transformations d'une discipline à travers la trajectoire d'une revue. *Recherches Sociologiques et Anthropologiques, 43*(1), 19–39.
Hirschauer, S. (2004). Peer Review Verfahren auf dem Prüfstand. *Zeitschrift für Soziologie, 33*(1), 62–83.
Jacobs, A., & De Wit, K. (2004). Verzilvering van een collectieve inspanning. Context, ontstaan en evolutie van het Tijdschrift voor Sociologie (1980–2004). *Tijdschrift voor Sociologie, 25*(1), 37–70.
Jacobs, J. A. (2013). *In defense of disciplines: Interdisciplinarity and specialization in the research university*. University of Chicago Press.
Jacquart, C. (1900–1901). Rapport sur les travaux de la Société Belge de Sociologie. *Annales de Sociologie et Mouvement Sociologique, 1*(1), 1–27.
Kropp, K. (2016). *A historical account of Danish sociology: A troubled sociology*. Palgrave Macmillan.
Laudel, G., Benninghoff, M., Lettkemann, E., & Håkansson, E. (2014). Highly adaptable but not invulnerable: Necessary and facilitating conditions for research in evolutionary developmental biology. In R. Whitley & J. Glaser (Hrsg.), *Organizational transformation and scientific change: The impact of institutional restructuring on universities and intellectual innovation* (S. 235–265). Bingley.
Lenoir, T. (1997). *Instituting science: The cultural production of scientific disciplines*. Stanford University Press.
Mersch, C. (2014). *Die Welt der Patente: Soziologische Perspektiven auf eine zentrale Institution der globalen Wissensgesellschaft*. transcript.
Merton, R. K. (1973). *The sociology of science: Theoretical and empirical investigations*. University of Chicago Press.
Moed, H. F. (2005). *Citation analysis in research evaluation*. Springer.
Ossenblok, T. L. B., Engels, T. C. E., & Sivertsen, G. (2012). The representation of the social sciences and humanities in the web of science. A comparison of publications patterns and incentive structures in Flanders and Norway (2005–2009). *Research Evaluation, 21*(4), 280–290.
Platt, J. (1998). *A brief history of the ISA: 1948–1997*. ISA.
Platt, J. (2003). *The British Sociological Association: A sociological history*. Sociology Press.
Platt, J. (2007). The women's movement and British journal articles, 1950–2004. *Sociology, 41*(5), 961–975.
Pontille, D. (2003). Authorship practices and institutional contexts in sociology: Elements for a comparison of the United States and France. *Science, Technology and Human Values, 28*(2), 217–243.
Pontille, D. (2006). Qu'est-ce qu'un auteur scientifique? *Sciences de la Société, 67*, 77–93.

Power, M. (1997). *The audit society: Rituals of verification.* Oxford University Press.
Raynaud, D. (2017). Signature scientifique et collaborations internationales: l'inflation du nombre de coauteurs en physique des particules. *Social Science Information, 56*(1), 142–167.
Seeber, M., Debacker, N., & Vandevelde, K. (2016). *Mobility and inbreeding in the heart of Europe. What factors predict academic career in Dutch-speaking Belgian universities?* Ghent University/Ghent (unpublished manuscript).
Spencer, H. (1897). *The principles of sociology* (Bd. III). Williams and Norgate.
Stichweh, R. (1984). *Zur Entstehung des modernen Systems wissenschaftlicher Disziplinen.* In *Physik in Deutschland 1740–1890.* Suhrkamp.
Stichweh, R. (1994). *Wissenschaft, Universität, Professionen.* Suhrkamp.
Turner, S. P. (2014). *American sociology: From pre-disciplinary to post-normal.* Palgrave Macmillan.
Vanderstraeten, R. (2010a). Scientific communication: Sociology journals and publication practices. *Sociology, 44*(3), 559–576.
Vanderstraeten, R. (2010b). Disziplinbildung – Zum Wandel wissenschaftlicher Kommunikation in der Soziologie. *Soziale Systeme, 16*(2), 297–312.
Vanderstraeten, R., Vandermoere, F., & Hermans, M. (2016). Scholarly communication in AERA journals, 1931 to 2014. *Review of Research in Education, 40*, 38–61.
Vanholsbeeck, M. (2012). Entre qualité prescrite et qualité souhaitable. L'ambivalence des chercheurs en communication face à l'évaluation de leurs publications. *Quaderni. Communication, Technologies, Pouvoir, 77*, 71–84.
Vanholsbeeck, M. (2016). *La notion de 'qualité' des publications dans l'évaluation de la recherche et des chercheurs en sciences humaines et sociales.* Ph.D. dissertation, ULB, Brussels.
Verleysen, F. T., & Engels, T. C. (2014a). Barycenter representation of book publishing internationalization in the social sciences and humanities. *Journal of Informetrics, 8*(1), 234–240.
Verleysen, F. T., & Engels, T. C. (2014b). Internationalization of peer reviewed and non-peer reviewed book publications in the social sciences and humanities. *Scientometrics, 101*(2), 1431–1444.
Verleysen, F. T., & Weeren, A. (2016). Clustering by publication patterns of senior authors in the social sciences and humanities. *Journal of Informetrics, 10*(1), 254–272.
Verleysen, F. T., Ghesquière, P., & Engels, T. C. E. (2014). The objectives, design and selection process of the Flemish Academic Bibliographic Database for the social sciences and humanities (VABB-SHW). In W. Blockmans et al. (Hrsg.), *The use and abuse of bibliometrics* (S. 115–125). Portland Press & Academiae Europaea.
Wilterdink, N., & van Heerikhuizen, B. (2004). Dertig jaar AST. *Amsterdams Sociologisch Tijdschrift, 31*(4), 423–430.

KAPITEL 5

Epilog

Zusammenfassung Dieses Kapitel beginnt mit einem Überblick über die Fragmentierung und Provinzialisierung der Soziologie in Belgien. Anschließend wird gezeigt, wie eine angewandte, politikorientierte Ausrichtung vorherrschend war, wenn auch auf unterschiedliche Weise in den verschiedenen soziologischen Welten. Die angewandte, politikorientierte Forschung diente lange Zeit dazu, die Relevanz der Soziologie zu legitimieren. Sie hat aber die Entwicklung einer reflektierenden, selbstkritischen Haltung nicht gefördert. Durch die Erörterung der verschiedenen Formen, in denen die Soziologie in Belgien durch ihren akademischen und sozialen Kontext geprägt wurde, wollen wir jedoch zu einem besseren Selbstverständnis der Soziologie beitragen.

In einem Aufsatz über die Geschichte der Soziologie in Schweden meinte Richard Swedberg einmal, dass die Soziologie in sozial homogenen Ländern nicht gut gedeiht: „Warum hat sich die Soziologie in Schweden so schlecht entwickelt? Die Antwort hat vielleicht mit der Tatsache zu tun, dass die schwedische Gesellschaft so homogen ist. Homogenität mag für eine Gemeinschaft nützlich sein, aber sie führt nicht unbedingt zu einer guten Soziologie. In diesem Punkt erinnert die schwedische Gesellschaft an Japan, ein weiteres homogenes Land mit einer armen Tradition der Soziologie" (1994, S. 188). Der Epilog dieses Buches ist nicht der Ort, um ein Urteil über den Zustand oder die Entwicklung der Soziologie in Ländern wie Schweden und Japan zu fällen. Aber die Geschichte der Soziologie in Belgien, wie sie auf den vorangegangenen Seiten dieses Buches skizziert wurde, legt nahe, dass soziale Heterogenität auch nicht automatisch zu einer guten Soziologie führt.

Auf den vorangegangenen Seiten haben wir die komplexen strukturellen Bedingungen analysiert, die die Entwicklung der Soziologie in Belgien bestimmt haben. Insbesondere haben wir versucht, die Geschichte der Soziologie in Belgien zu internationalisieren. Indem wir unsere Analysen der Soziologie in Belgien in eine breitere trans- und internationale Perspektive gestellt haben, haben wir versucht, einige der Besonderheiten der unterschiedlichen Soziologien in einem sozial heterogenen Land wie Belgien zu beleuchten.

In den modernen Nationalstaaten, die den Rahmen für die Entstehung der Sozialwissenschaften im 19. und 20. Jahrhundert bildeten, galten eine gemeinsame Sprache und eine gemeinsame Religion im Allgemeinen als Identifikationsmerkmale, als Merkmale, die alle Einwohner zusammenhalten konnten. Wie die Nationalstaaten selbst dienten (und dienen) Sprache und Religion dazu, die Menschen in unterschiedliche, abgegrenzte Gemeinschaften einzuteilen. Sprache und Religion wurden in vielfältiger Weise mit nationalen Identitäten verknüpft; sie wurden als Mittel zur Identifizierung von sich selbst und anderen, zur Konstruktion von Gleichheit und Differenz verwendet (z. B. Brubaker, 2013; Billig, 2014). In Belgien hat es sich jedoch nie als möglich erwiesen, eine solche nationale Gemeinschaft und Einheit zu konstruieren. Während des größten Teils seiner Geschichte war Belgien ein innerlich geteiltes Königreich, das weitreichenden Prozessen der „Versäulung" und „Regionalisierung" unterworfen war. Die soziokulturellen Spaltungen, die sich aus den politisch-religiösen und sprachlichen Unterschieden ergaben, bildeten die Möglichkeitsstrukturen für die Entstehung der Sozialwissenschaften. Die erste und zweite Phase der Ausbreitung und Institutionalisierung der akademischen Soziologie in Belgien sind eindeutig durch die von diesen politisch-religiösen und sprachlichen Unterschieden geschaffenen Welten gekennzeichnet.

Die frühe akademische Förderung der Soziologie in Belgien war eine Reaktion auf die positive Aufnahme der Soziologie in den Nachbarländern, insbesondere in Frankreich. Diese Unterstützung war das Ergebnis einer besonderen historischen Konstellation. Nicht nur hatten lokal einflussreiche Persönlichkeiten wie Ernest Solvay einen bedeutenden Einfluss auf die Institutionalisierung und intellektuelle Ausrichtung der neuen

Disziplin. Die Unterstützung für die Soziologie wurde auch stark von den Gegensätzen zwischen den expandierenden Säulen in Belgien beeinflusst. In der Zeit um 1900 schlug sich die Rivalität zwischen den Säulen und ihren Universitäten in einem erbitterten Wettbewerb zwischen zwei soziologischen Netzwerken und Forschungsprogrammen nieder: einer „freidenkerischen" Gemeinschaft in Brüssel und einer katholischen in Löwen.

Etwa ein halbes Jahrhundert lang, insbesondere in der Zeit zwischen den beiden Weltkriegen, ging es der Soziologie in Belgien institutionell nicht gut. Sowohl in Brüssel als auch in Löwen verlor die Soziologie stark an Unterstützung. Obwohl sie an den staatlichen Universitäten Gent und Lüttich eingeführt wurde, wurde sie dort Teil der juristischen Fakultät. Dies trug nicht zum akademischen Prestige des Fachs bei. Die Einordnung in die Fakultätsstruktur schränkte die Autonomie der Soziologie und der Soziologen ein und begrenzte auch die Entwicklungsmöglichkeiten der Soziologie. Die Soziologie wurde in erster Linie als Hilfswissenschaft des Rechts verstanden. In vielerlei Hinsicht spiegeln die Arbeiten aus dieser Zeit den Charakter der anderen Verpflichtungen wider, die die Soziologen ebenfalls hatten.

Vor allem in der zweiten Hälfte des 20. Jahrhunderts haben Regionalisierungsprozesse auf der Grundlage sprachlicher Unterschiede die Möglichkeitsstrukturen für die Sozialwissenschaften in Belgien verändert. Wie die zahlreichen Konflikte zwischen den französisch- und niederländischsprachigen Regionen Belgiens zeigen, war und ist die Sprache ein deutlich stärkeres soziales Bindesglied als die Religion. Seit den 1960er-Jahren wurde Belgien in einen föderalen Staat umgewandelt, der aus politischen Einheiten oder Regionen besteht, die auf der Grundlage der Sprache gebildet werden. Die politischen Regionen bildeten auch den Rahmen für die rasche Expansion des Universitätssystems im Allgemeinen und der Sozialwissenschaften im Besonderen in den 1960er- und 1970er-Jahren. Die Soziologie wurde in dieser Zeit zu einem eigenständigen Studienfach. Doch auf beiden Seiten der Sprachgrenze entwickelten sich nun unterschiedliche Soziologien. Im flämisch- und französischsprachigen Teil Belgiens bildeten sich gegenseitig relativ isolierte soziologische Gemeinschaften.

Nationale oder regionale Ausrichtungen scheinen in den letzten Jahren an Bedeutung verloren zu haben. Seit Beginn des einundzwanzigsten Jahrhunderts wird immer mehr Wert auf den Publikationsoutput gelegt. Die Einführung eines leistungsorientierten Finanzierungssystems und die Verwendung bibliometrischer Indikatoren haben zu bedeutenden Veränderungen geführt, während eine bestimmte Art von internationalem Publikationsoutput nun zur Bewertung von Fachbereichen und Einzelpersonen herangezogen wird. Diese internationale Ausrichtung erklärt, warum die derzeitige Expansion der Sozialwissenschaften in Belgien nicht mit einer Stärkung der verschiedenen Forschungsgemeinschaften in Belgien einhergeht; die zunehmende internationale Ausrichtung geht vielmehr auf Kosten der verschiedenen nationalen Gemeinschaften in Belgien. Vor allem im flämischen Teil Belgiens sind nationale Soziologiezeitschriften oder andere Publikationsorgane an den Rand gedrängt worden.

Doch trotz der institutionellen Betonung der Internationalisierung, insbesondere im Hinblick auf den Publikationsoutput, ist die Soziologie in Belgien nach wie vor durch eine starke provinzielle Ausrichtung gekennzeichnet. Eine Vollzeitbeschäftigung an den meisten belgischen Universitäten, einschließlich ihrer soziologischen Abteilungen, scheint bisher keine attraktive Option für ausländische Wissenschaftler gewesen zu sein, auch nicht für solche aus Nachbarländern wie Frankreich oder den Niederlanden, wo dieselben Sprachen verwendet werden. Die Universitäten haben sich gegenüber ausländischen Wissenschaftlern nicht sehr aufgeschlossen gezeigt. Noch wichtiger ist, dass die derzeitigen Einstellungsverfahren an den belgischen Universitäten zu einem sehr hohen Maß an Inzucht führen. Trotz der Betonung objektiver Parameter, insbesondere der Veröffentlichungen in Zeitschriften, die in den zertifizierten Datenbanken enthalten sind, begünstigen diese Einstellungsverfahren interne Bewerber. Die Bewertungsverfahren benachteiligen jeden, der nicht mit der Zählung und Gewichtung der Publikationen vertraut ist. Die meisten Außenseiter haben Schwierigkeiten, mit Insidern zu konkurrieren, d. h. mit Personen, die durch das lokale leistungsbezogene Finanzierungssystem und die entsprechenden bibliometrischen Indikatoren diszipliniert wurden. Die Art und Weise, wie die Internationalisierung an den belgischen Universitäten derzeit gemessen oder berechnet wird, dient *de facto* dazu, ein sehr hohes Maß an Inzucht und interner Abschottung aufrechtzuerhalten und zu legitimieren.

Die Heterogenität Belgiens wurde von Soziologen, die in Belgien arbeiten, nicht oft systematisch untersucht. Aufgrund der religiösen und sprachlichen Unterschiede im späten neunzehnten und zwanzigsten Jahrhundert sowie der Internationalisierungserfordernisse in den letzten Jahrzehnten wurden andere Arten der Forschung erleichtert und unterstützt. Andere Fragen und andere Interessen wurden verfolgt, während die soziale Heterogenität kaum zum Ausgangspunkt soziologischer Forschung in Belgien wurde.

Die Soziologie wird durch das breitere gesellschaftliche und akademische Umfeld geprägt – mit seinen Zwängen, Anreizen, Möglichkeiten und Beschränkungen. Die starke Abhängigkeit der Soziologie in Belgien von ihrem sozialen Kontext hat bestimmte Arten von Forschung begünstigt. Insbesondere die angewandte, politikorientierte Forschung diente lange Zeit dazu, die Relevanz der Soziologie zu legitimieren; sie verschaffte den Soziologen sowohl in akademischen als auch in politischen Kreisen eine gewisse Anerkennung. Während politische Entscheidungsträger behaupten konnten, soziologische Daten zur Lösung bestimmter sozialer Probleme zu nutzen, konnten Forscher behaupten, für die Gesellschaft relevant oder nützlich zu sein. Es wird weithin angenommen, dass es nützlich ist, systematisiertes, wissenschaftliches Wissen auf soziale Probleme anzuwenden. Politische Parteinahme schränkte jedoch auch die Möglichkeiten der Disziplin ein. Bereits vor einem halben Jahrhundert beklagte Pierre de Bie in einem der ersten Überblicke über die Entwicklung der Soziologie in Belgien ihren „übermäßig empirischen Charakter" (1967, S. 135–137). Es ist unschwer zu erkennen, dass diese Art der angewandten Forschung in Belgien weiterhin starke Unterstützung erfährt. Obwohl in den letzten Jahrzehnten verschiedene Anpassungen an diese interventionistische, reformistische Seite vorgenommen wurden, bezieht sich ein Großteil der soziologischen Forschung in Belgien nach wie vor auf wahrgenommene Probleme in versäulten und regionalisierten Bereichen wie Bildung, Arbeit und Gesundheitswesen. Auch im heutigen Belgien wird die Soziologie häufig als *behavioural science* definiert, die die Mittel zur Lösung „wichtiger" und „dringender" sozialer Probleme bereitstellen muss (Mangez, 2009; siehe auch Turner, 2014, S. 112). Die aktuellen Veröffentlichungsimperative führen zu einer Konsolidierung dieser Linien der angewandten Forschung. Die Leistungsindikatoren veranlassen die Forscher, keine Risiken einzugehen und keine schwierigeren oder zeitaufwändigeren Forschungslinien zu verfolgen.

Die Soziologie in Belgien ist stark fragmentiert. Aber eine angewandte, politikorientierte Ausrichtung ist vorherrschend, wenn auch in unterschiedlicher Weise in den unterschiedlichen soziologischen Welten innerhalb Belgiens. Viele Soziologen in Belgien konnten Finanzmittel erhalten, indem sie auf die politischen Forderungen nach angewandter Forschung reagierten; viele konnten ihre empirischen, insbesondere methodischen Fähigkeiten verbessern; viele konnten auch ihre Arbeit in anerkannten Zeitschriften und Büchern veröffentlichen. Die soziale und akademische Zersplitterung in Belgien hat jedoch kaum zu einer systematischen Reflexion über die sozialen und akademischen Bedingungen geführt, die die

Entwicklung der Soziologie in Belgien geprägt haben und prägen. Die Entwicklung einer reflektierten, selbstkritischen Haltung innerhalb der Soziologie wurde dadurch nicht gefördert. Dieses Buch ist hoffentlich mehr als eine Geschichte der Soziologie in Belgien. Es zielt auch darauf ab, auf einige der diagnostizierten Unzulänglichkeiten zu reagieren. Es ist auch ein Versuch, einen Beitrag zur Soziologie der Soziologie zu leisten und damit zu einem besseren Selbstverständnis der Soziologie in Belgien und anderswo zu gelangen.

Literatur

de Bie, P. (1967). Sociology in Belgium. In Luigi Sturzo Institute (Hrsg.), *La Sociologia contemporanea nell'Europa Occidentale e nelle Americhe/Contemporary Sociology in Western Europe and in America* (S. 133–152). Luigi Sturzo Institute.
Billig, M. (2014). *Banal nationalism*. Sage.
Brubaker, R. (2013). Language, religion and the politics of difference. *Nations and Nationalism, 19*(1), 1–20.
Mangez, E. (2009). De la nécessité de discrétion à l'Etat évaluateur. *La Revue Nouvelle, 64*(7/8), 37–42.
Swedberg, R. (1994). Contemporary sociology in Sweden. In R. P. Mohan & A. S. Wilke (Hrsg.), *International handbook of contemporary developments in sociology* (S. 185–204). Mansell.
Turner, S. P. (2014). *American sociology: From pre-disciplinary to post-normal*. Palgrave Macmillan.

The manufacturer's authorised representative in the EU is Springer Nature Customer Service Centre GmbH, Europaplatz 3, 69115 Heidelberg, Germany. If you have any concerns regarding our products, please contact ProductSafety@springernature.com

Printed and bound by CPI Group (UK) Ltd, Croydon, CR0 4YY
23/03/2026
02076465-0011